KB150998

# 동기부여와 스폰서링은
# 이렇게 하라.

"동기부여 시크릿"

YONGAHN MEDIA

Motivational and Sponsoring Skills
for the Network Marketer

Copyright © 1995 by Jack Stanley
Original English edition published by Chariot Press
Korean translation copyright © 1997
by Yong-Ahn Media

지은이 | 잭 스탠리
인쇄일 | 2015년 02월 25일
발행일 | 2015년 02월 25일
펴낸곳 | 도서출판 용안미디어
주  소 | (135-081)서울시 강남구 역삼1동 696-25 영성빌딩
전  화 | 010-6363-1110
팩  스 | 02-6442-7442
등  록 | 제16-1436호
가  격 | 9,000원
ISBN | 978-89-86151-82-0

※ 이 책의 한국어판 저작권은 잭 스탠리와의 독점 계약으로 용안미디어에
  있습니다. 저작권법에 의해 한국 내에서 보호받는 저작물이므로 본사의 서면
  허락 없이는 무단전제나 복제, 광전자 매체의 수록 등을 금합니다.

# 꿈

요건, 학습, 실행, 성공

성공을 위해 갖추어야할 원칙

YONGAHN MEDIA

# Contents

# 책머리에

'성공하는 사람들이 있는가 하면, 평생을 노력해도 결코 성공하지 못하는 사람들이 있는 것에 대해 생각해 본적이 있는가?

왜! 어떤 사람들에게는 쉬운 것이 다른 사람들에게는 어려운 것일까? 그것은 교육 때문일까? 아니면 직업, 목표 설정, 시간관리 능력, 에너지, 상품이나 프로그램에 대한 지식, 실행에 옮길 수 있는 능력, 적시적소(適時適所) 즉 타이밍에 관한 문제일까? 그것도 아니라면 단지 타고나는 것일까?

위에서 열거한 그 어느 것도 만족스럽거나 올바른 이유가 될 수 없다고 생각할 수 있다. 왜냐하면 내가 그렇듯 당신도 이러한 모든 장애를 극복했다고 생각하지만 여전히 자신이 원하는 정도의 성공은 성취하지 못했을 수 있기 때문이다.

이 책의 목적은 궁극적으로 성공을 성취하는 데에 빠져있는 요건들을 파악해 내고 이 요건들을 제대로 실행하여 개인으로 하여금 목표에 도달할 수 있도록 도와주는 것이다.

나는 그야말로 전 세계에 똑 같은 목표를 추구하는 수만 명의 사람들을 알고 있기에 이들을 통하여 하나의 확실한 결론에 도달할 수 있게 되었다. 그 결과 대부분의 사람들은 성공이나 그들이 소망하는 목표를 이루는데에 필요한 요소들을 잘못 알고 있으면서 그것을 성취하려고 한다는 것이다.

이런 문제를 충분히 이해할 수 있도록 예를 들어 보겠다.

소위 '성공'이라 불리우는 개념의 이미지를 마음속에 그려보고 그것을 성취하는 방법에 대해서 생각해 보라. 그림이 그려지는가? 당신이 마음속에 그린 이미지는 대부분 잘못되고 부정확한 것일 확률이 높다.

목표를 향해 열심히 노력하고 성공을 위해 모든 장애물을 극복했음에도 불구하고 당신은 자신의 성공에 대한 그릇된 이미지를 가졌기 때문에 결코 성공할 수 없었을 것이다. 중요한 사실은 당신이 현재 자신의 성공에 대하여 잘못된 이미지를 그리고 있다는 것이다.

예를 들어, 당신이 프로골퍼가 되기를 원한다고 가정하고 프로골퍼가 되기 위해서는 여러 가지 골프채로 갖가지 상황의 볼을 쳐서 프로골퍼로서 성공하는 법을 마스터해야 한다는 사실을 알고 있다고 하자. 그리고 당신이 아래쪽 다리 중간으로 스윙을 하여 볼을 쳐서 그 볼이 다리 사이로 날아가게 한다고 해보자.

당신이나 나나 그 볼은 단지 몇 십 미터밖에 가지 못한다는 사실을 잘 알고 있다.

어떤 사람은 긍정적으로 생각하여 골프채 잡는 방법을 달리해 보고 더 열심히 연습하라고 충고할지도 모른다. 그러나 우리 모두 그런 자세로 볼을 쳐서는 결코 훌륭한 골프 선수가 될 수 없음을 잘 알고 있다.

'항상 해 왔던 대로만 한다면 항상 똑같은 결과(즉, 잘못된 결과)만 얻게 된다' 라는 말을 기억하라.

또 다른 예를 들어보자. 당신이 자신의 차를 주차하지 않은 엉뚱한 주차장에서 당신의 차를 찾는다고 가정해보자. 아무리 찾아도 자신의 차가 없을 때, 혹시나 도둑맞은 것은 아닐까 하고 걱정하면서 맛보는 좌절감은 당신도 잘 알 수 있을 것이다 .

주차장이 다르다면 당신이 상점에서 나와 차를 주차해 두었다고 생각하는 곳으로 가서 차를 찾고 또 찾아도 자동차는 찾을 수 없을 것이다.

보통 사람이라면 당신에게 "더 찾아봐! 더 열심히 찾아보라구! 긍정적인 태도를 갖고 접근해 봐!"라고 말할지도 모를 일이다. 물론 그렇게 할 수는 있다. 하지만, 주차장을 잘못 찾아온 것이 사실인 이상 아무리 노력해도 당신은 결코 차를 찾을 수 없을 것이다. 이것이 바로 성공을 이루고 목표를 달성하는 데에 결핍되어 있는 요소이다. 사람들은 엉뚱한 장소에서 자신이 원하는 성공을 찾고 있는 것이다.

일이 기대만큼 성사되지 못했을 때 '왜 이럴까'를 생각해보면 우리는 그릇된 계획이나 청사진에 따라 행동했다는 사실을 알게 된다. 잘못된 설계도를 가지고 이상형의 집을 지으려고 한다면 그것은 매우 어려운 일일 것이다.

이 같은 원리는 미래를 설계하는 모든 사람, 특히 판매사원이나 네트워크 사업자들에게 똑같이 적용되는 내용이다. 올바른 계획과 청사진을 갖고 있지 않다면 결코 궁극적인 목표를 이룰 수 없을 것이다. 속담에도 있듯이 '일단 무엇이 문제인지 스스로 알고 있다면 이미 그 문제의 반쯤은 해결된 것'이다.

이 책의 목적은 당신이 해야 할 올바른 일을 보여주는 것, 달리 말하자면 성공을 성취하는데 당신이 해야 할 모든 것이 들어 있는 그림 퍼즐을 그려주고 그 퍼즐을 완성할 수 있는 조각들을 당신에게 제공해 주는 것이다.

이 책의 각 장이 제공하는 정보들은 당신의 성공이 더욱 확실해질 수 있도록 신중하게 선택되었다. 그러므로 책을 읽는 동안 당신의 손에 색연필을 쥐고 읽어주길 바란다.

마음속에 계속 목록을 만들어 가면서 당신에게 특별히 중요하게 여겨지거나 조사가 추가적으로 필요하다고 느껴지는 부분이 나오면 밑줄을 그어 두어라. 그리고 책을 다 읽은 후에는 줄이 그어진 부분을 시간을 내어 읽고 또 읽어서 당신의 것이 될 수 있도록 하라.

'정보를 읽고 평가하는 데 있어 중요한 것은 자신의 약점에 정직하고 솔직해 지는 것이다. 결코 자신을 기만해서는 안 된다' 는 것이다.

이 책에서 새로운 정보를 찾게 되듯 다른 곳에서도 늘 새로운 정보를 찾아야 함을 기억하라. 우선 그런 정보들을 머리로 이해한 다음, 몸으로 받아들이고 마지막으로는 당신의 자아와 감정으로 연결시켜 자신의 일부분으로 만들어라.

내가 당신과 함께 공유하고 싶고 동시에 당신이 평생 동안 간직해야 할 속담이 있다면 그것은 '자신을 위해 일하지 않는다면 그것은 일하는 것이 아니다' 라는 말이다.

지속적으로 자신을 개선시키고 재무장시켜 가능한 한도 내에서 최선의 인간이 될 때까지 자신을 밀어붙이지 않는다면 올바른 계획에 따라 일하고 있는 것이 아니다. 결국 '최선의 나'를 만드는 일은 결코 중단할 수 없는 작업이다.

이 책의 각 장에서 제공하는 정보들은 어느 한 쪽 치우침 없이 똑같이 중요하다. 전체가 당신을 가능한 최고의 인간이 되도록 도와줄 수 있어야 그 의미를 가지게 된다.

이 책을 즐겁게 읽고 이 책을 읽는 당신의 미래가 행복하고 아름다운 인생으로 설계되길 바라는 마음을 가져 본다.

'아름다운 인생… 그것은 바로 당신의 몫이다.'

**1장** **전문지식**

"

지식은
우리가
하늘로
비상하는 날개이다.

"

세익스피어

동기부여와 스폰서링

## 1장  전문지식

'사람들은 전문가와 거래하고 싶어한다.'

상품의 가격을 정당화시켜주는 것은 당신이 상품 자체에 추가해 줄 수 있는 것이 무엇인가에 달려있다. 당신이 고객에게 제시할 수 있는 것이 고작 상품뿐이라면, 당신은 종종 가격에 대한 고객들의 반발에 부딪히게 될 것이다. 당신이 가지고 있는 전문지식으로 그 상품이나 마케팅의 가치를 높여 주어야 한다.

'상품이나 마케팅이 그 자체로서 아무리 훌륭하다 하더라도 또는 그것을 공급하는 회사가 아무리 우수하다 하더라도 저절로 팔리지는 않는다. 자신을 상품이나 그 분야의 전문가로 변모시키는 것이 바로 성공에 관한 모든 것이라 할 수 있는 것이다.'

노력한 만큼 성공하기 위해서는 반드시 습득해야 하는 어떤 절차가 있고 준수해야 하는 원칙들이 있다. 이런 것들로 자신을 무장해야 한다. 이와 같은 원칙들은 상거래 활동 특히 세일즈나 방판, 네트워크 비즈니스에 종사하는 이들에게 더욱 요구되는 사항이다.

☞ Tip 1

·····································································

당신의 상품이나 프로그램에 대해 충분한 지식을 쌓고
신뢰와 공감대 형성, 신용을 얻도록 노력하라.

·····································································

'성공의 문을 여는 첫 번째 열쇠는 전문지식이다.'

사람들은 자신보다 먼저 성공했고 지식이 풍부한 유명인들과 관련 되는 것을 원한다. 성공을 추구하는 사람들은 이미 성공으로 가는 길 위에 서 있거나 어느 정도 성공을 성취한 사람들을 찾게 되는 것이다. 이렇게 많은 사람들이 이미 성공한 사람들과 연결되기를 원하는 것은 대부분의 사람들이 '성공이 또 다시 성공을 부른다' 는 성공의 법칙을 알고 있기 때문이다.

전문지식이란 당신의 상품이나 프로그램에 대한 심도 있는 지식을 의미한다. 당신의 예상고객이나 예상회원을 당신의 네트워크 안으로 스폰서 하기 위해서 당신은 그들로부터 다음과 같은 세 가지를 얻어내야 한다. 신뢰, 공감대, 신용이 그것들이다.

전문지식은 신용의 범주에 해당하는 것으로 상품이나 프로그램을 속속들이 알아야 한다는 뜻이다. 고객이 던질 모든 질문을 예상해야 하고 그들에게 완벽한 만족을 줄 수 있도록 진실 되고 설득력 있는 대답을 준비해야 한다.

어느 경우일지라도 당신의 대답에 진실 됨이 없거나 신뢰감이 결여되어 있다면 예상고객들의 마음속에는 자신들도 모르는 사이에 의심의 마음이 자리 잡게 된다. 그렇게 되면 당신은 그 사람들을 고객이나 친구, 회사의 동료로 만들 수 있는 기회를 놓치게 될 것이다.

'모든 사람들이 자신을 믿고 맡길 수 있는 신용할 수 있는 사람을 찾고 있다. 그렇기 때문에 그러한 지식을 스스로 갖추어야 하는데 그것을 얻을 수 있는 유일한 방법은 적극적으로 구하는 것이다. 당신의 프로그램이나 상품 라인에 대한 지식을 말이다.'

한 가지 확실히 이해해야 할 것은 이런 과정들에 대한 책임이 모두 자신에게 있다는 것이다.

나는 젊고 전도유망한 판매사원들을 인터뷰한 경험이 있다.

인터뷰 중에 젊은 사원들은 종종 '지식과 정보만 주어진다면 성
공할 수 있다고 믿고 있습니다. 또한 회사에서 연수 프로그램에
보내 준다면 더욱 확실합니다.' 라고 자신 있게 말하곤 하였다.
그때 나는 그들에게 이렇게 말해주곤 했다. '자네들이 정말로 성
공하기를 원한다면 그것은 자네들 자신에게 달려있다네.'

먼저 당신의 프로그램에서 판매하기를 원하는 상품에 대해 이
야기 해보자. 뒷 부분에서 우리는 다시 이 부분으로 돌아와 프로
그램이나 마케팅에 대해 이야기할 것이다.


☞ Tip 2

........................................................................

고객들은 상품의 특징보다는 이점에 더 관심이 많다,
고객의 입장에서 얻게 될 이익을 생각하라.

........................................................................

만약 당신이 상품 판매에 성공하고 싶다면 당신이 팔고자 하
는 상품에 대해 자세하게 알아야 한다. 상품이 어떤 기능을 하도
록 고안되었으며 어떤 기능을 어떻게 하는지 정확하게 알아야
한다. 나는 판매사원들이 어떤 상품의 특징에 대한 설명을 장황
하게 늘어놓다가 설명이 과장되는 경우를 여러 번 본적이 있다.

본래 의도된 '상품의 기능은 무엇이다'고 하는 설명은 빠지고 상품이 무엇을 할 것인가에 대한 설명부터 시작한다.

'고객들은 상품이 그들의 기대에 못 미칠 경우 실망하게 된다. 그러므로 상품을 설명할 때는 그것으로부터 얻게 될 이익에 고객들은 더 관심이 있다는 것을 명심해야 한다.'

분명한 점은 상품의 기능과 특징 그리고 용도, 그것의 이점을 정확히 파악하고 있어야 한다는 것이다. 판매사원들은 상품의 특징을 설명하는데 급급하여 실제로 상품이 고객에게 어떤 이익을 가져다 줄 것인가를 보여주지 못하는 경우가 많이 있다.

상품을 설명할 때에는 항상 마음속으로 이런 질문을 하라. '이 상품이 나에게 주는 이익이 뭐지?' 나와 마주하고 있는 상대방도 이런 생각을 한다. 더 솔직히 표현하자면 '나에게 이익이 되는 것이 있을까?' 하는 것이 최대의 관심사이다. 당신이 이 질문에 만족스러운 대답을 할 수 있어야 한다.

상품에 대한 전문지식을 어디에서 얻을 것인가?

우선 한 가지 상품을 골라서 그것을 연구하고 실험해 보고 조사해보아라. 지시사항이나 설명서를 읽어보는 것도 잊지 말라.

......................................................

"당신의 상품이나 마케팅에 심도 있는 지식을 갖추어라"
사람들은 훌륭한 설명에 설득당한다..

......................................................

특정 상품에 대한 정보는 모두 당신이 완전히 이해할 수 있도록 준비해 두어라.

사람들은 자신들의 문제를 해결하기 위해 전문지식을 가진 사람들을 찾고 있다는 사실을 항상 기억하라. 그 정보를 상품소개의 설명 형태로 만들고 요점만을 가려내어 강조하라. 그리고 다음 사항을 항상 고려하라.

상품은 저절로 팔리는 것이 아니라는 것이다. 많은 사람들이 '우리 회사는 유명한 회사이기 때문에 상품도 저절로 팔릴 겁니다.'라고 말한다. 그러나 이 세상에 저절로 팔려나가는 것은 그 어디에도 없다.

그러므로 고객에게 상품이나 어떤 프로그램을 설명할 때, 그 고객이 느끼는 상품의 가치를 높여 주는 것이 중요하다. 즉, 그 상품에 대한 부가가치(附加價値)를 증가시키는 것이다.

좀더 설명해 보기로 하자. 고객에게 제시할 수 있는 것이 상품이나 서비스뿐이라면 그것에 대한 가치는 객관적으로 매겨질 수 있을 것이다. 그렇지만, 당신이 상품과 마케팅에 대한 전문지식, 심도 있는 정보, 당신에게서만 느낄 수 있는 신뢰감, 완벽한 상품 설명을 통해 상품에 대해 철저히 이해하고 있음을 고객에게 알릴 수만 있다면, 그리고 그런 확신이 당신의 마음과 목소리에 담겨 나온다면 고객들은 그것을 느낄 것이다.

'중요한 것은 고객에게 풀어내는 말이 아니라 고객이 당신에게서 느끼는 것이 무엇인가 하는 것이다. 그러므로 언제든지 자신이 팔고자 하는 상품에 대해 전문가적인 설명이 가능하도록 준비되어 있어야 한다.'

'당신의 목소리는 우렁차지만 나는 당신이 하는 말을 알아들을 수가 없다.'라고 한 에메슨의 말도 이를 잘 설명해 준다.

설명을 다듬고 상품이나 마케팅의 강점을 골라내어 강조하라. 그것이 바로 당신과 다른 사람들 간의 차이를 느끼게 해 줄 것이다. 그리고 그것이 바로 상품의 가치를 높이는 데에 당신이 부가(附加)해 주는 부분이다.

상품이나 서어비스는 결코 저절로 팔리지 않는다. 사람들은 훌륭한 설명에 관심을 보인다. 그러므로 성공하기 위해서 당신은 전문적인 설명가가 되어야만 한다.

이렇게 생각해 보라. 만약, 당신이 TV에서 60초 동안 어떤 상품이나 마케팅의 우수성에 대해 설명할 기회를 갖게 된다면 어떻게 할 것인가? 그런 분위기에서 당신은 정확해야 하고 설명에 서론, 본론, 결론이 있어야 한다. 물론 상품의 강점을 드러내야 할 부분은 결론부이다. 내가 제시하는 것도 바로 이것이다.

우리는 종종 전문적인 설명을 할 준비가 되어있지 않은 채로 판매나 회원모집 현장으로 나서게 된다. 이 장은 당신을 전문 판매사원, 전문 설명가로 변화시키는데 그 목적이 있으며 당신이 그렇게 되는 유일한 방법은 당신 상품이나 마케팅에 대하여 심도 있는 지식을 갖추는 것뿐이다.

'정보는 힘' 이라는 사실을 기억하라. 더 많은 정보를 가지고 있으면 성공한 사람들과 더 많이 만나게 된다. 사람들은 그런 것을 찾는다. 성공을 느끼고 성공의 일부로 연관되어지기를 바란다. 이것이 바로 지식전달의 중요성이다.

당신은 이러한 것을 할 수 있는 능력을 갖고 있다. 이것은 성공으로 가는 여정의 쉬운 행로이다.

지식을 모아 설명문으로 만들어서 사람들이 그 정보를 긍정적으로 받아들일 수 있도록 해야 한다. 다른 사람들이 당신이 이야기하는 것을 쉽게 이해하고 당신을 전문가로 느낄 수 있도록 해야 한다.

'신용'. 사람들은 누구나 자신이 신용있는 사람이라고 생각하기를 바란다. 또한 스스로도 신용있는 사람이 되고 싶어 한다. 우리는 종종 상품이나 마케팅에 대한 정보 수집을 게을리 하게 되는데 이것은 신용에 흠집을 내는 원인이 된다.

당신 안에 지식이 갖추어져 있으며 그것을 남에게 전달할 수 있는 능력이 있음을 인지할 때 고객은 무의식중에도 당신에게서 발산되는 광채를 느낄 수 있다.

다시 한번 말하지만, 당신이 하는 말이 중요한 것이 아니라, 고객이 당신으로부터 느끼는 것이 중요한 것이다. 이에 대해서는 3장에서 더 이야기하기로 하겠다. 정말이지 심도있는 전문지식은 성공에 있어 필수적인 도구이다.

이제 당신의 네트워크 비즈니스에 대해 이야기 해 보기로 하자. 정말로 당신이 자신의 네트워크 구축을 원하고 있다면 그것이 어떻게 이루어질 것이며 어떻게 역할을 할 것인지와 같은 모든 세부적인 사항들을 알고 있어야 한다.

종이나 화판 위에 그것을 그려볼 필요를 느낀다면 가족들 앞에서 해보아라. 그렇게 함으로써 고객들 앞에서 발생할 수 있는 당신의 실수를 제거할 수 있을 것이다. 다음과 같은 질문을 자신에게 해보아라.

'나는 나의 사업에 대해 얼마나 알고 있는가? 당신이 그 분야에서 가장 박식하고 철저히 준비된 사람이라는 느낌을 줄 수 없다면, 사람들이 굳이 당신에게 스폰서를 받거나 당신과 인연을 맺으려 할 이유가 있겠는가?'

 Tip 4

성공은 또 다른 성공을 낳는다.
성공한 업라인들의 방식을 따르라.

상대의 입장에서 생각하라. 이것은 공감대 형성의 범주에 해당된다. 당신의 예상 고객들은 많은 기대와 궁금증, 질문, 두려움을 갖고 있다. 그들이 제일 먼저 알고 싶어 하는 것은 이것이 도대체 무엇에 관한 것이냐는 것이다.

그리고 '이 상품이나 프로그램이 자신들과 어떤 관계가 있는가?' 라고 묻게 된다. 그때 당신은 그것이 어떻게 효과를 발휘하는지를 알아야 하며 당신의 업라인(up-line)이나 후원자(sponsor)가 상품이나 마케팅을 설명하는 데 있어 특별한 방식을 취하고 있는지도 알아야 한다.

그들. 즉, 업라인들의 방식대로 하라. 왜냐하면 그들의 방식이 성공했다는 것은 분명한 사실이기 때문이다. 당신에게도 잘 적용되는 어떤 것을 그들은 가지고 있다. 단, 그들의 방식을 따르되 당신 내부에 있는 진심과 열정으로 하라.

성공은 또 다른 성공의 실마리를 남겨 주지만 당신은 지식으로 자기 자신을 무장해야 한다. 설사 설명자의 상품 설명이 당신의 기대치에 미치지 못했다 하더라도 '난 저 사람보다 더 잘 할 수 있어. 저 설명을 더 발전시킬 수 있어. 그래서 내 고객이 상품의 가치를 확실하게 알 수 있게 하고 그들의 가족과 생활에 어떤 이익을 줄 수 있는지를 보여줄 수 있어' 라고 자신에게 말하라.

이것이 바로 사람들이 찾고 있는 것이다.


'자신들이 무엇을 말하고 있으며 어떻게 그것을 설명해야 할지를 아는 박식한 사람들에게 성공은 찾아오게 되어 있다. 준비는 성공을 낳고 성공은 곧 또 다른 성공을 낳는 것이다.'

·····················

예상고객에 대한 정보와 지식을 충분히 모으고
예상고객의 꿈과 목표를 반영하여 청사진을 그려라.

·····················

우리가 전문지식과 정보를 모아야 하는 또 하나는 다름 아닌 예상고객이나 예상회원이다. 이것은 아마도 가장 중요한 부분이 될 것이다. 우리는 그들의 목표, 꿈, 동기가 무엇인지를 알아야 한다. 그들의 시각에서 상황을 살펴보라.

'당신 자신이 그들에 대해서 더 많은 정보를 얻기 위한 충분한 시간을 할애하지 않고 있는데, 그들이 당신과 당신의 제안에 관심을 두어야 할 이유가 있겠는가? 나는 사람들이 나에게 관심을 갖게 하는 최선의 방법이 내가 그들에게 먼저 관심을 갖는 것임을 깨달았다.'

당신은 먼저, 당신의 사업에 참여시킬 예상고객에 대한 정보를 구해야 한다. 그들의 가족 사항, 배우자와 아이들의 이름, 나이 그리고 그들의 목표와 꿈을 알아내라. 그러나 애당초 당신이 사업에 참여하도록 만든 동기유발이 당신의 예상고객에게도 효력이 있을 것이라고는 생각하지 마라. 나는 그런 기대를 '명백한 죄' 라고 부르고 싶다.

자신의 배경이나 동기, 꿈, 소망을 알고 있다고 해서 다른 사람들도 비슷할 것이라고 추정하지 말라는 것이다.

예상고객들의 마음과 머릿속에 그리고 영혼에 무엇을 담고 있는지를 정확히 알아내기 위해서는 그들과 직접 만나서 대화를 해보아야 한다. 그들의 동기, 꿈, 소망이 무엇인지를 알아내라.

그 후 이 모든 것을 당신의 사업에 대해 설명하는 과정에서 다루어 주어라. 즉, 설명 속에서 그들 각자의 목표와 꿈을 채워 줄 수 있는 청사진을 그려 나아가는 것이다.

모든 사람들을 하나의 우산 안에 넣을 수는 없다. 나나 당신의 관심을 끄는 것이 다른 사람에게는 그렇지 않을 수도 있기 때문이다. 결국 당신이 그려내야 할 청사진은 바로 그들의 꿈과 목표를 반영하는 것이어야 한다. 그러기 위해서는 어떤 한 사람에 대한 특별한 지식이 필요하다. 그가 삶을 통해 이루고 싶은 것, 가고 싶은 곳, 금전적 자유를 얻고자 하는 방법 등이다. 그런 구체적인 정보를 구함으로써만이 당신은 예상고객에게 꼭 들어맞는 설명을 완성시킬 수 있는 것이다.

··········································

너무 과장하지 말라.
믿기 어렵고 이해할 수 없다면 결코 성취할 수 없다.

··········································

주의해야 할 점은 설명 내용이 지나치게 장밋빛으로만 포장되어서는 안 된다는 것이다. 가끔씩 그런 설명은 믿음이 덜 가게 되어 상대가 심정적으로 받아들이기 힘든 경우가 있을 수 있기 때문이다.

가령 한 젊은 부부에게 이야기하고 있다고 가정해보자.

결혼한 이후 이들은 항상 같이 일해 왔고 연 수입은 $35,000 내지 $45,000 정도이며 여기까지 오기에는 10년 정도의 세월이 걸렸다고 하자. 이제 당신은 그들에게 설명을 해야 한다. 그들이 벌게 될 수입 모두와 그들이 즐기게 될 여가 시간, 그리고 그들을 위해 일하게 될 거대한 라인을 그리게 될 것이다.

그러나 듣기에 너무 좋은 말은 사실이 아닐 수도 있다고 그들은 생각한다. 만약 듣기에 너무 좋아 사실일 수 없다고 느껴진다면 대개 그 느낌은 틀리지 않는다는 점을 기억하라. 당신이 제시하는 모든 것을 그들이 무조건 할 수 없을 거라고 말하는 것은 아니다. 다만, 그들이 특정 문제에 대해 구체적으로 이해하기 어려울 수도 있다는 것이다. 이해할 수 없다면 믿기 어려울 것이고 믿을 수 없다면 결코 그것을 성취할 수도 없을 것이다.

내가 항상 사용하는 등식이 있다. 바로 'C+B= A' 이다. 당신이 제안하는 것을 고객이 이해하도록 하는 것 (C), 그것을 실행에 옮길 수 있다고 믿고 (B), 그것을 성취하고자 하는 것 (A)이 당신의 목적이다. 그것이 열쇠이다. 각자의 소망, 욕구, 필요에 당신의 제품과 사업 설명을 맞추어라.

하지만 너무 과장하거나 너무 왜소하게 하지는 말라. 그들이 마음속에 지니고 있는 그림을 채워주어라. 그러면 어느 순간 그들은 '잘하고 있는 자신의 모습을 상상할 수 있어' 라고 말하게 될 것이다. 자신들이 해내고 있는 모습을 그리게 되면 정말로 할 수 있게 된다. 그런 모습을 그리도록 할 수 없다면 실제로 그들은 할 수 없을 뿐만 아니라, 당신과의 관계도 이어질 수 없게 되는 것이다.

'설명의 가장 중요한 원칙은 사람마다의 신념과 지난 경험에 맞추어 주는 것이다. 이것이 당신의 예상고객에 대한 정보와 지식을 모아야 하는 가장 중요한 부분 중 하나이다.'

신이 모든 사람들을 다 다르고 특별하도록 만들어 놓았기에 당신은 그들 각자의 꿈에 맞는 그림을 그려주어야 한다. 그렇기 때문에 전문지식과 정보는 당신의 성공에 가장 중요한 열쇠가 될 것이다.

이 장의 중요성을 요약하는 의미에서 나의 형인 빌에게 들은 이야기를 해야겠다. 언젠가 형은 달라스 시내 공공도서관을 찾은 적이 있었는데 그때 도서관 주변 인도에는 많은 부랑자들이 잠을 자거나 빈둥거리고 있었다고 한다.

이 부랑자들이 직업을 갖고 사회에 필요한 시민이 되기 위해서, 필요한 것이 도서관 안에 있다는 사실과 밖에서 자고 있는 이들의 모습이 참으로 아이러니컬하다는 것이다.

'기억하라! 정보와 전문지식은 성공에 있어 가장 중요한 열쇠가 된다는 것을' …

# 몰입 에너지

"

신체와 정신을 잘 다스려라.
원하는 곳으로 가는데 필요한
힘과 체력과 에너지와
생명력으로
당신을 데려가 줄 것이다.

"

짐론 (풍요로운 삶, 명언집)

## 2장 몰입 에너지

'투자! 투자를 위한 노력, 그리고 그 결과를 성공적으로 이끌어 가기 위해 중요한 제2의 열쇠는 '에너지' 이다. 당신에게는 성공을 위한 에너지가 필요하며 그 일에 몰입할 수 있을 정도의 충분한 에너지가 있어야 진실로 성공할 수 있다.'

'잠시 성공 에너지에 대해 생각해 보자.'

당신은 하고자 하는 사업에 대한 지식을 갖추었으므로 그것에 대한 내적 혹은 외적인 정보를 잘 알고 있을 것이다. 또한 구매자에 대한 정보를 알고 있으므로 각 개인의 필요와 그들의 욕구 또한 잘 수용할 수 있을 것이다. 여기서 내가 하고자 하는 질문은 바로 이것이다. 당신에게 이 지식을 시장에서 활용할 만한 역량이 있는가?

한 가지 재미있는 사실은 각계각층의 사업에 종사하는 많은 판매사원들이 성공에 필요한 지식과 여러 조건을 구비하고 있으면서도 시장에 성공적으로 접근 하지 못하는 경우가 있을 뿐만 아니라 설령 진입했다 하더라도 성공적인 판매를 위해 필요한 에너지를 오랫동안 지속적으로 유지할 수 없는 경우가 있다.

☞ Tip 1

.........................................................

마음은 '할 수 있다' 라고 말하지만
육체와 정신이 따라주지 않는다면 결코 성공할 수 없다.

.........................................................

마음 한구석에서는 '그래, 가서 부딪혀 보는거야' 라고 말하고 있지만, 건강이 따라 주지 않아 '난 안돼' 라고 말하며 결국 주저앉은 경우도 있다.

판매에 필요한 지식은 다 갖추었으면서도 에너지가 부족하여 성공하지 못한다면 부끄러운 일이 아니겠는가? 사업이나 판매, 모임, 행사 등 모든 생산 활동에서 많은 사람들이 이와 같은 이유로 성공할 수 있는 기회를 놓치는 경우가 더러 있다.

성공적인 생산 활동과, 그렇지 못한 경우의 차이점은 대개 설명자나 앞으로 스폰서가 될 사람, 그리고 자신이 쏟아 붓는 에너지의 양이라고 볼 수 있다. 그렇다면 당신은 스스로에게 다음과 같은 질문을 던져야 할 것이다.

필요한 정보를 입수했다면 이 정보를 시장에서 이용할 만한 신체적, 정신적 에너지가 자신에게 충분히 있는가?

내가 일생동안 사귀어 온 사람들 중에는 성공한 사람들이 많이 있다.

'성공한 사람들이 가지고 있는 가장 보편적인 자질 중의 하나는 그들이 갖고 있는 에너지였다. 엄청난 에너지를 가졌기 때문에 그들은 맡겨진 임무를 기대치 이상으로 수행해 낼 수 있었던 것이다.'

이것은 특히 네트워크 사업자들이 공감할 수 있는 부분이다.

부업으로 투잡(two job)을 하는 경우, 이들은 정규 직업을 갖고 있으면서 네트워크 비지니스나 판매, 기타 직종에서 일하고 있다. 그러므로 정규직업 업무는 규정된 시간에 해야 하고 정규 업무가 끝나고 나면 시간을 따로 내어 네트워크를 구축하거나 다른 비즈니스를 계획해야 한다. 이러한 일을 가능케 하는 에너지는 성공의 문을 여는 열쇠가 된다. 또한 에너지는 생존을 위한 열쇠이기도 하다.

이 에너지가 다른 어떤 것보다도 우선시 되어야 한다는 것을 증명하기 위해서 다른 분야에 대한 언급을 잠시 하고자 한다.

먼저 맹수들의 세계를 살펴보면 이들의 세계에서는 항상 강한 놈만이 즉 능력과 힘이 있는 놈만이 생존한다는 약육강식(弱肉强食)의 법칙이 오랫동안 존재해오고 있다.

숲속의 새들은 먹이를 찾고 위험으로 부터 자신을 방어하기위해 많은 날개짓을 해야한다. 역시 생존을 위한 충분한 에너지가 필요한 것이다.

운동 경기에서 승부는 대부분 경기 막바지에 결정된다. 최상의 컨디션을 끝까지 보유하는 팀이 득점에서도 우세하게 되며 비로소 승자가 되는 것이다. 축구나 농구와 같은 경기는 대부분 시합 종료 전 2~3분 안에 승부가 결정 나는 경우가 많다.

똑같은 상황에서 어느 한 쪽이 상대편보다 더 좋은 신체적 정신적 컨디션을 유지한다는 것이 가능할까? 나는 그렇다고 생각한다. 이 등식은 기업과 상거래 세계에서도 성립한다는 것을 기억해야 한다.

당신이 소유한 신체를 가지고 평생에 걸쳐 오랜 여행을 해야한다고 생각하고 여기서 자신의 몸을 타고 다닐 자동차로 가정해 보자. 당신은 이 자동차를 얼마나 잘 돌보고 있는가? 여행의 성공은 당신의 자동차에 달려 있다.

'모든 성공한 사람들이 가지고 있는 공통점이자 장점은 이들이 모두 엄청난 에너지를 지녔다는 점이다. 우리는 어떠한 일이든 성공하기 위해서는 이처럼 성공에 필요한 역량을 충분히 지녀야 한다.'

　우리는 실제로 자기 자신보다 소유하고 있는 차나 집, 애완동물에 더 관심을 갖고 돌보는 경우가 많다. 전에는 미처 이런 생각을 못했을 수도 있다. 하지만, 사는 동안 여러 차례 겪게 되는 시련들을 극복하는 것은 결국 정신적으로나 육체적으로 얼마나 철저히 준비되어 있는가에 달려 있음을 알게 된다.

　그러므로 스스로 자신의 몸을 잘 돌봐야 한다. 그러기 위해서는 우선 어떤 음식을 섭취해야 할 것인가를 고려해야 할것이며 또한 적당한 운동도 염두에 두어야 한다. 그렇다고 보디빌더가 되라는 말은 아니다.

　의사와 상의한 뒤 가벼운 산보나 조깅 또는 라켓볼, 테니스, 사이클, 수영과 같은 운동을 하는 것도 좋은 방법이 될 것이다. 중요한 것은 업무수행과 추진에 필요한 에너지가 신체적 건강에서 비롯된다는 것이다.

☞ Tip 2

.....................................................................................

정신이나 신체적으로 지쳐서 피곤하지 않도록
충분한 신체적 정신적 에너지를 충전하라.

.....................................................................................

몇 년 전 국내에서 실시되었던 조사에 따르면 대부분의 판매
사원들이 오후 1시 반이나 2시가 되면 육체적으로 가장 피로를
느낀다고 한다.

재미있는 사실은 판매사원들이 근무 중에 스스로에게 다음과
같이 말을 한다는 것이다.

'나는 지금 예상고객을 방문하고 있고 내가 해야 할 일을 수행
하고 있다.'

그러나 내가 이들에게 던지고 싶은 질문은, 또한 해주고 싶은
말은 '당신들이 정말 최대한의 에너지를 동원하여 일하고 있는
가?' 하는 것이다.

당신은 그럭저럭 설명회를 마칠 수는 있다. 성공적인 설명회
가 될 수도 있고 그렇지 못한 경우도 있을 수 있다. 대부분의 경
우 그 원인은 한 가지 요소에 귀착된다. 쏟아 부은 에너지양에
따라 성공 여부가 결정된다는 것이다.

때때로 무의식중에 당신의 마음 한편에서 중얼거린다. 가령 오후 1시반 쯤 되었다고 생각해보자. 마음 한구석에서 스스로에게 이런 메시지를 보내기 시작한다.

'이런 제길, 길이 많이 막힐텐데 시내로 꼭 나가야 하나.' '그 사람이 거기에 있을 것 같지도 않은데 그만두고 세차나 할까.' 라든가 '아내가 귀가 전에 제과점에 들러 우유와 빵을 사오라고 했는데.'

지금 무슨 생각을 하고 있는 것인가? 당신은 지금 무의식적으로 세일즈 방문을 기피하는데 대한 변명을 하고 있는 것이다. 도대체 그러는 이유가 무엇인가? 그 이유는 자신도 모르게 육체적으로 피곤해 하고 있기 때문이라고 볼 수 있다.

다시 말해, 당신은 스스로에게 말을 하고 있는 것이다. '난 지금 몸이 피곤해. 그러니깐 방문을 하지 않아도 될 구실을 만들어야겠어' 우리는 반드시 이 점을 간파해야 한다.

이번에는 판매원이나 네트워크 사업자들에 대해 이야기를 해보도록 하자.

나는 때때로 사람들이 하루를 마감하고 앞으로 해야할 계획이나 아이디어에 대해 이야기 하는 것을 보게 된다. 이들은 약속을 정하여 방문을 계획하거나 일정에 따라 회의에 참석할 계획을 세운다. 그러나 집에 도착하여 저녁 식사를 마치고 막상 텔레비전 앞에 앉게 되면 '음, 그 일은 다음으로 미뤄야 할 것 같애'라고 말한다.

☞ Tip 3

> 건강한 신체는 삶의 가장 중요한 기초가 된다.
> 건강을 잃는 것은 모든 것을 잃는 것이다.

때때로 이들은 자신들이 정신적으로나 육체적으로 지쳐있다는 사실마저도 알아차리지 못한다. 즉, 컨디션이 나빠서 스스로에게 굴복하고 마는 것이다. 여러분은 이런 사태를 막기 위한 조치를 취해야 한다.

육체적으로 건강해야 스스로의 계획이나 목표를 잘 실행할 수 있고 그래야만 자신의 일에서 얻고자 하는 모든 것을 성취할 수 있다. 물론 쉬운 일은 아니다. 그러나 성공을 위한 목표 달성을 위해 꼭 갖추어야 할 요소이다.

'승자는 패자가 하려고 하지 않는 일을 한다. 사람들은 모두 서로 다른 목표와 꿈을 가지고 있다. 그러나 승리하는 사람은 남보다 몇 킬로미터를 더 가고 몇 시간을 더 일하는 사람들이다. 승자라면 스스로 그 시간을 만들어 낼 것이다.'

'반면 패자는 성취욕이 강하지 못해 도중에 포기하면서 '아냐, 그러니까.... 오늘은 좀 피곤하거든. 내일로 연기해야 겠어'라는 말을 자주한다.'

이런 사태가 생기지 않도록 조심해야 한다. 그러기 위해서는 충분한 에너지 충전이 필요하다. 식습관 또한 잘 고려돼야 한다. 대개의 경우, 잘못된 식습관 때문에 자동차 역할을 하는 몸이 에너지를 잃고 망가지고 만다.


'상품이나 사업을 설명하는 동안 소비자들로 하여금 고개를 끄덕이게 하는 것과 고개를 좌우로 흔들게 하는 것의 차이점은 설명자의 에너지 충전도에 있다고 볼 수 있다.'


운동선수들의 세계를 살펴보자.

프로 선수들과 대학이나 고등학교 선수들을 보면 아마도 세상에서 가장 뛰어난 에너지를 충전한 사람들은 운동선수가 아닐까 싶다. 경기장에 나가 있는 선수들이 모두 최상의 컨디션을 갖고 있는가? 대부분의 경우 대답은 '그렇다' 고 볼 수 있다.

하키 선수들을 생각해 보자. 선수들이 3회전 내내 링크위에서 스케이트를 탈 수 있다고 생각하는가?

프로 축구 선수들은 어떠한가? 이들은 90분 내내 구장을 뛰어다닌다. 이들은 모두 높은 에너지 지수를 가지고 있다.

다른 예를 들어보겠다. 나는 야구팬인데 가끔씩 외야로 공을 쳐낸 타자가 베이스를 달리는 과정에서 극도로 지쳐 버리는 것을 보게 된다. 공은 2루로 던져지고 타자는 아웃을 당한다. 왜냐하면 그의 몸이 느린 템포를 요구하기 때문이다.

타자를 비난하자는 것이 아니다. 단지 운동선수라면 좋은 컨디션을 유지해야 하는데도 불구하고 베이스와 베이스 사이의 단 90피트(약 27.43미터)를 제대로 뛰지 못하기 때문이다. 컨디션 조절과 에너지 부족이 원인이다. 이것이 나를 놀라게 한다.

전문 판매 사원들과 네트워크 사업자들도 컨디션이 좋아야 자신들의 계획과 꿈, 목표를 위해 능력을 충분히 발휘할 수 있으며 성공의 길로 접어들 수 있다. 또한 에너지가 충분하지 못할 때 목표를 달성하기란 쉽지 않다. 이때 우리는 대개 운동을 시작하게 되는데, 우선 의사와 상의한 다음에 가벼운 운동 프로그램을 짜서 시작하라. 간단히 할 수 있는 운동을 선택하는 것이 바람직하다. 또한 식습관 개선도 중요하다. 성공하기 위해서는 건강한 신체가 필수 전제 조건이 되기 때문이다.

운동선수처럼 될 필요는 없지만 성공에 필요한 만큼의 건강을 지키고 평생 동안 타고 다닐 자가용과 같은 신체를 잘 돌볼 필요가 있다. 사람의 신체는 유일무이한 자가용이기 때문이다.

당신은 종종 이런 말을 들을 것이다. '나의 몸은 평생 나를 인도해 줄 신전과 같은 곳이다'

'그렇다 우리는 최고로 높은 삶의 질을 누리고 싶어 한다. 그러나 삶의 목표, 자유, 부를 쟁취할 만한 능력은 있지만 그것을 성취하고 즐길 만한 건강이 따라 주지 않는다면 그 얼마나 불행한 일이겠는가?'

그래서 각자가 가지고 있어야 하는 주된 삶의 목표들 중에 하나가 건강이라고 볼 수 있다. 건강해야 자신의 삶과 평생의 여정을 즐길 수 있다. 야생 동물의 세계에서부터 운동선수의 세계, 전문 직업인의 세계에 이르기까지 에너지는 성공을 위한 중요한 열쇠가 된다.

......................................................................

인생의 모든 측면에서 가장 이상적인 인간이 되기 위해
에너지를 충전하고 지속적으로 자신을 개발하라.

......................................................................

자신을 단지 평범한 사람이 아닌 최고의 직업인으로 개발시키
는 작업은 끝없는 여행과 같은 것이다. 당신이 될 수 있는 가장
이상적인 인간이 되기 위해 지속적으로 노력한다면 결국 세상이
이를 알아줄 것이고 세상은 성공으로 당신에게 보답해 줄 것이
다. 일, 가정, 정신, 신체 등 인생의 모든 측면에서 단계적이고
지속적으로 자신을 개발하도록 하라.

이 장을 읽는 동안 당신은 스스로에게 자문(諮問)하거나 다음
과 같은 생각을 할 수도 있다.

'그건 정말 힘든 일이겠는걸! 하루에 8시간 내지 10시간씩 일
하고 또 설명회나 세일즈 방문 때마다 프로적인 자세를 유지하
는 것이 가능할까?'

그러나 조금만 쉽게 생각하자. 실제로 그렇지는 않다. 이것이
전혀 불가능한 일이라고 생각하지 말아 주었으면 한다.

이는 지속적인 자기 개발 내지 개선 프로그램이고, 이 프로그

램에서 성공할 수 있는 유일한 길은 당신이 될 수 있는 한, 가장 이상적인 인간이 되는 것이다. 이를 해낼 때 사람들은 당신을 인정하기 시작할 것이고 당신과 함께 일하고 싶어할 것이다.

당신은 '평생 동안 이렇게 에너지를 키우며 살아야 하는가?' 라고 스스로에게 묻게 될 것이다. 대답은 '예스' 이다. 그렇지만 어느 정도까지 만이다. 보다 정확하고 수긍할 만한 대답을 바란다면 이런 이야기를 들려주겠다.

내가 처음 판매사원으로 일한 곳은 시카고에 본사를 둔 보존용 화학약품을 판매하는 회사였고 나의 담당구역은 미시시간 주(洲)였다. 그 당시 미시간에는 고객기반이 거의 없었기 때문에 판매사원으로서 내 첫 임무는 그곳에서 새로운 영역을 개척하여 사업기반을 마련하는 것이었다.

이런 사업의 경우에는 일단 기반을 마련하여 그 기반 위에서 판매 활동을 하게 되고 단골 고객이 생기게 되면 지속적인 주문을 맡을 수 있게 되어 있다. 이것이 바로 판매 사원들이 추구하는 시스템이다. 즉, 재 주문을 낳을 수 있는 반영구적 형태의 사업인 것이다.

판매사원들은 제품 판매의 불지속성으로 인해 생활에 어려움을 겪게 되는 경우도 있다. 예를 들어 자동차 판매 사원의 경우, 고객들이 새 차를 구입한 다음에, 다시 새 차를 구입하기까지의 기간은 3~4년을 넘는 것이 보통이다. 그러므로 고객망을 다져 놓지 않으면 판매 사원들은 생존하기가 어렵다.

보존용 화학 약품은 거의 한 달 단위로 구매가 이루어진다. 그래서 내가 할 일은 첫째, 우선 고객망을 확보하기 위해 스스로 에너지를 축적하는 일이었다. 커미션 차지(commission charge)로 수입을 올리는 사업에서 무판매는 무소득을 의미한다. 그래서 내가 할 수 있는 한, 최대의 판매 성과를 올리기 위해 충분한 에너지를 충전해야만 했다.

나는 열심히 내 자신을 갈고 닦았다. 모든 양상의 세일즈맨의 정신과 인간 개발 및 개인성장을 연구한 결과 나는 꽤 탄탄한 고객 기반을 다져 갈 수 있었다. 판매 업무를 시작한지 처음 2~3년 동안은 열심히 일하면서 에너지를 키웠다.

평생 동안 내가 이 정도의 추진력을 계속 유지해 나갈 수 있을 것이라고 생각하지는 않았다. 그러나 한 가지 깨달은 바는 일단 고객 서비스와 고객과의 유대관계를 조성하여 고객망을 구축하게 되면 그들은 언제까지나 내 고객으로 남는다는 것이다.

사실 이분들은 나의 단골 고객이 되었을 뿐만 아니라, 나에게 도움을 주는 상대가 되어 주기도 했다. 이러한 과정이 바로 업무를 시작한지 첫 2~3년 동안 해야 할 일들이다.

'최대의 속도를 내어 강하게 밀어부쳐라. 사업 초기나 새로운 영역에서 고객망을 만들기 위해서는 보다 박차를 가해야 한다. 이렇게 해서 만들어진 고객망이 당신의 네트워크가 된다. 그러나 고객망이 확보되었다고 노력을 그만 두어서는 안 된다. 이미 당신이 만들어 놓은 고객망을 유지하기 위해서는 조금 낮은 속도이기는 하지만 계속 노력을 기울여야 하는 것이다.'

그러나 속도를 낮추기 전에 고객망 확보가 우선이다. 많은 사람들이 시작부터 낮은 속도로 평생을 헤쳐 나가려 한다. 이렇게 행동한다면 결과적으로 스스로를 위한 아무런 지지기반도 갖추지 못하게 된다. 앞으로 2~3년간 열심히 일하면서 다가올 수년 동안 그 보상의 열매를 즐기도록 하자.

그것은 농부가 농사를 짓는 이치와도 같다. 우선 농부는 들판에 나가 흙을 갈아엎고 씨앗을 뿌리고 거름을 주고 잡초를 뽑아 줘야 한다. 그리고 나서 추수기가 오면 농부는 자신이 일한 만큼 거두어들인다. 인생에 있어서도 마찬가지다. 우리는 무언가를 키우기 위해 많은 씨를 뿌리고 싹 틔우기에 많은 에너지를 쏟는다. 그래서 기억하라!

'신은 당신이 얼마나 많은 씨를 뿌렸는가 하는 것에는 조금도 신경 쓰지 않는다는 것을… 신은 1평 만큼의 씨를 심었는지 또는 1,000평 만큼의 씨를 심었는 지에는 조금도 관심이 없다. 다만 모든 것은 자신이 쏟는 에너지와 지식에 달려 있다.'

이제 네트워크 비즈니스에서 핵심 인원을 확보하기 위해 많은 에너지와 지식이 필요하다는 사실을 알게 되었을 것이다. 일단 이 정도의 인원(75명~125명 정도)을 확보해 놓고 계획 한대로 지속적인 노력을 하게 된다면 앞으로의 성장은 보장된 것이나 다름없다. 하지만 여기까지 오는 길은 멀다. 그러나 일단 우리가 고객확보에 성공하게 되면 성공의 씨는 바로 눈앞에 있는 것이다. 그래도 귀가 솔깃해지지 않고 마음이 편안해지지 않는다면 내 가슴에 생생하게 다가왔던 예를 하나 더 들어보겠다.

나는 매주 세미나나 강습회 또는 연설을 하기 위해 북아메리카의 여러 지역으로 떠난다. 그때마다 나는 내가 탑승해 있는 비행기와 그 비상능력에 놀라움을 금치 못한다.

························································

당신의 모든 에너지를 이용하여 비행기를 이륙시켜라.
비행기가 일정 고도에 이르면 기본적인 에너지만으로도
순항은 계속될 것이다.

························································

예를 들어 747보잉기가 1인당 각각 2꾸러미 정도의 짐을 싣고 200내지 300명의 승객을 태우고 있다고 생각해 보자. 비행기와 승객 모두를 탑승시키고 짐을 모두 실었을 때 어느 누구도 비행기가 싣고 있는 짐의 무게가 어느 정도인지를 예측 할 수 없을 것이다.

한편, 비행기 조종사가 비행기를 이륙시켜 공중에 뜨도록 하기 위해서 조종사는 자신이 가진 모든 에너지를 이용해야 한다. 그리고 엔진이 가동되도록 에너지를 끌어내어야 한다. 그러면 엔진은 최대의 에너지를 내며 비행기를 이륙시키기 시작한다. 비행기는 공중에 뜨고 이윽고 정상적인 비행고도로 들어선다. 여기까지는 여러가지 많은 에너지가 이용된다.

그러나 일단 조종사가 비행기를 일정 고도로 올려놓고 나서 그가 하는 일은 무엇인가? 그는 플랩을 안으로 당기고 엔진의 조절판을 제자리로 돌려놓는다. 그리고 비행은 계속된다.

고도에서도 모든 에너지를 쏟아부어 전속력으로 비행하는가? 그렇지 않다. 일단 비행기가 적당한 고도에 이르면 조종사는 비행기의 순항에 필요한 기본적인 계기만을 조작한다. 이런 사실은 우리가 이장에 다루었던 내용과 그다지 다르지 않다.

'당신이 발휘할 수 있는 모든 에너지를 이끌어 내어 당신이 맡은 업무를 이륙시켜라. 그러면 그 업무는 비로소 고도를 찾고 당신은 에너지를 줄이면서 비행을 할 수 있다. 즉, 자신의 업무를 즐기면서 일할 수 있을 것이다.'

그러나 처음부터 에너지를 줄여서는 안 된다. 당신이 맡은 일이 어느 정도 단계에 이를 때까지는 기다려야 한다. 그렇다고 모든 역량을 갑자기 어느 순간에 중단해야 된다는 말은 아니다.

노력을 그만두면 성장도 멈추게 된다. 그리고 결국에는 사멸하고 만다. 당신은 지속적으로 성장하고 발전해야 한다. 그러나 업무를 시작할 때는 비행기가 이륙을 위한 준비를 해야 하는 것처럼 해야 한다. 자신이 가지고 있는 모든 역량을 발휘하라. 그리고 나서 비행을 지켜보라!

# 3장   일치와 의사소통

"

효율적인 의사소통은
20%가
자신이 아는 것이고
80%가
그것에 대한 느낌이다.

"

짐론 (명언집)

## 3장  일치와 의사소통

이 장의 주제는 가장 흥미 있고 매혹적이며 성공에 이르는 비결까지 모두 담고 있다. 우선 '일치'라는 단어를 정의하는 것에서부터 시작하자.

일치란 무엇을 의미하며 더 중요한 것은 그것이 성공하는 것과 무슨 상관이 있는가? 일치는 다른 사람과의 동화됨을 의미한다. 즉 유사성이나 공통성을 가지는 것, 같은 느낌을 가지거나 유사한 견해를 가짐을 의미한다.

의사소통과 의사소통 능력이 삶에 어떤 영향을 미칠까 하는 문제는 다음 문장에 잘 표현되어 있는데 나는 독자들이 이 문장을 여러 번 읽어 주기를 바란다.

'삶의 질(質)은 자기 자신과의 의사소통과 다른 사람과의 의사소통의 질에 정비례한다. '자신과의 의사소통' 사람들은 대부분 조용히 생각하거나 혼잣말을 하거나 명상을 하거나 심지어 꿈을 통해서 자신과 의사소통을 한다.'

## ☞ Tip 1

.....................................................................

부정의 음지를 버리고 양지를 찾아라.
성공은 긍정에서 시작된다.

.....................................................................

당신은 생각 속에서 스스로에게 어떤 이야기를 하고 있는가?
당신의 생각은 긍정적인가 아니면 부정적인가? 나는 지나치게
부정적인 생각으로 자신의 성공을 망치거나 지연시키는 사람들
을 많이 보아 왔다.

당신은 자신에게 어떤 얘기를 하는가? '그래, 난 성공할거야'
아니면 '난 할 수 없어. 전에도 성공할 수 없었는데, 어떻게 이번
이라고 잘 되겠어. 난 이 제품을 팔 수 없을 거야. 난 저 사람을
후원해서 내 네트워크 비즈니스에 들어오도록 할 수 없을 거야.
이런 말을 하고 있는 것은 아닌가? 가끔씩 우리는 왜 자신에게
이런 부정적인 얘기를 하게 되는지 궁금하다.


얼 나이팅게일은 여러 해 전에 '가장 별난 비밀'이라는 놀라
운 테이프를 세상에 내놓았다. 가장 별난 비밀이란 얼의 말에 따
르면 '우리는 우리가 생각하는 대로 된다'는 것이다.

이 테이프에서 그가 말하고자 한 것은 생각이 곧 만질 수 있는 실체가 된다는 것이다. 나도 그렇게 믿고 있다.

'정말 그렇다면, 좋은 생각과 긍정적이고 전망 있는 사고를 하는 것이 낫지 않을까? 살면서 그 무언가를 구현하게 된다면 그 무언가가 전망이 있고 좋고 즐거운 건강한 것이 되게 하자. 부정적인 것은 생각하지 말자.'

마티 셀만은 '스스로에게 타이른다' 라는 테이프를 세상에 내놓았다. 이 이론은 그의 테이프에서 훌륭하게 실험되어지고 있다. 부정적인 사고가 마음에 떠오르면 자신에게 '그만!' 이라고 외쳐라. 당신은 자신에게 그런 식으로 말해도 된다는 허락을 받은 적이 없다.

사람들은 타인에게 들었다면 절대 용납하지 못할 말들을 자기 스스로에게는 무작정 해버리는 경우가 많다.

예를 들면 거리에서 어떤 사람을 만났는데 그 사람이 "잭! 당신은 성공하지 못할 거야. 당신이 하고 있는 사업을 잘 해내지 못할 거라구! 넌 제품을 팔지도 못할 거고 돈도 못 벌거야. 도대체 넌 무슨 생각으로 살아가고 있는 거야?" 라고 한다면 뭐라고 반응할까?

당신은 그 사람에게 당장 내 눈앞에서 사라지라고 할 것이다. 그 어느 누구도 당신에게 그런 말을 할 권리가 없다는 것을 알고 있지만 정작 당신이 이런 것들을 당신 생각을 통해 스스로에게 말하고 있는 것이 현실이다.

우리는 이런 끔직한 습관들을 버려야 한다. 마티가 말했듯이 스스로 자신에게 그만두라고 말해야 한다. 그리고 이런 식으로 방관해서는 안 된다. 부정적인 생각이 떠오르면 지워버려라.

☞ Tip 2

........................................................................

부정적인 사람은 당신의 인생을 망칠 수 있다.
부정적인 사람은 자신은 물론 누구든지 거리를 두어라.

........................................................................

나는 지난 수년 동안 '살면서 부정적인 사람을 만나게 되면 그 사람에게서 멀리 떨어지라'고 주저 없이 말해 왔다. 그렇지만 이제는 그냥 멀리 피해가라가 아니라, 아예 그에게서 달아나라고 말하고 싶다. 부정적인 사람은 누구든 거리를 두는 것이 좋다. 자기 자신을 포함해서 말이다.

'자신이 부정적이라면 그런 식으로 생각하는 것을 멈춰야 한다. 당신의 마음가짐은 당신이 생각하는 것을 나타낸다는 것을 기억해라. 마음속에 좋은 생각을 담아라. 그래서 좋은 일들만 삶 속에 들어오게 하라.'

의사소통의 두 번째 부분은 다른 사람들과의 소통이다.

당신은 물건을 팔거나 후원할 때 상대방이 스스로에게 의사소통하듯 그와 같은 방식으로 그들과 대화하고 있는가?

대부분 우리들은 자신과의 의사소통에서 적용하던 일방적인 방식을 시도함으로써 다른 사람과의 의사소통에 실패하고 있는 것이다.

'그에게 그렇게나 설명을 했건만 내가 한 말을 알아들었다고 솔직히 장담할 수는 없어요' 라는 말을 많이 들었을 것이다.

그것은 사실이다! 그 사람이 자신과 의사소통하는 방식으로 당신이 그 사람과 의사소통하고 있지 않기 때문이다. 타인이 그 자신과 의사소통하는 방식으로 내가 타인과 의사소통하는 법. 바로 이것이 우리가 이 장에서 배워야 할 대목이다. 다음 두 가지 점을 기억하자.

(1) 삶의 질은 자기 자신과 소통하는 방식에 정비례하며

(2) 다른 사람들과 의사소통하는 방식에도 정비례한다.

이런 점을 염두에 두면 사람들은 당신의 설명을 호의적으로 받아들이게 되고 주문이나 회원서 서명을 요구 받을 때 고개를 끄덕여 긍정의 표시를 하게 된다.

☞ Tip 3

· · · · · · · · · · · · · · · · · · · · · · · · · · · · · · · · · · · · · · · · · · · · · · · · · · · ·

당신이 설명할때 사용하는
어조, 템포, 명확성, 음성, 대화체 형식에 주의하라.

· · · · · · · · · · · · · · · · · · · · · · · · · · · · · · · · · · · · · · · · · · · · · · · · · · · ·

우리는 다음과 같이 세 가지 기본적인 방법으로 다른 사람과 의사소통을 한다.

① 말을 통한 어휘

② 말할 때의 어조

③ 신체적 작용


어휘부터 살펴보자. 말을 통한 어휘는 판매를 위한 설명이나 회원 가입을 설득할 때 사용하는 어휘들이다. 이 어휘들은 이해시키고자 하는 메시지의 7~10%만을 표현할 뿐이다.

당신이 예상회원이나 고객에게 전달하고자 하는 메시지 중에서 그들은 단지 당신의 말로 표현된 메시지의 7~10%만을 받아들일 뿐이다. 때문에 당신은 정확하고 구체적이고 믿을 수 있는 어휘들을 선택해야 한다.

'어휘력을 향상시키도록 노력하라. 완벽할 필요는 없지만 상대방이 어휘에서 전체 메시지의 7~10%을 받아들인다는 점을 인식하고 충분한 어휘를 갖추어서 당신이 표현하고자 하는 바를 적절히 나타낼 수 있는 단어를 선택할 수 있어야 한다.

또 한가지, 모호한 어휘를 사용하지 말아라. 듣는 이에 따라 여러 가지 다른 의미로 해석될 수도 있다. '훌륭하다' 라는 말을 예로 든다면 당신에게 '훌륭한' 것이 다른 사람들에게는 그저 '좋은' 정도로만 생각될 수도 있다는 것이다.'

이 장이 진행되는 동안 이 장의 주제는 사람들과의 의사소통임을 잊지 말자. 당신은 다른 사람들이 당신의 메시지를 호의적으로 받아들이기를 바랄것이다.

당신이 만약 한 사람을 후원하려 한다면 그 사람은 자신과 의사소통하는 방식으로 그와 의사소통할 수 있는 당신의 능력을 바탕으로 하여 머릿속에 그리고 있다는 점을 명심하라. 당신의 어휘는 당신이 그의 머릿속에 심어 놓고자 하는 전체 그림의 한 부분만을 나타낼 수 있을 뿐이다.

'사람이 정보를 받아들임에 있어 어휘보다 훨씬 중요하고 영향력을 미칠 수 있는 방법은 음성의 톤, 즉 어조이다. 대부분의 경우 사람들은 당신의 어조에 영향을 받아 결론을 내린다. 목소리의 어조가 어휘보다 다섯배 가량 더 호의적인 영향력을 미친다는 사실을 기억하라.'

어떤 결정의 35~40%는 설명할 때의 어조에 기초한 것이다. 이 점에 대해서는 차후에 더 상세히 언급하려고 한다. 단, 명심할 것은 이 때의 어조란 상대방이 스스로에게 사용하는 어조이어야 함을 기억하라.

그가 의사결정권자인 그의 '의지' 속으로 당신의 정보를 흡수해가는 방식 그대로 당신이 제공하는 정보를 받아들일 수 있도록 애써라. 지금부터 당신이 설명할 때의 어조, 템포, 명확성, 음량, 대화체 형식이 상대방의 그것들과 일치하도록 주의를 기울여라.

좀더 설명을 하겠지만 어조는 고객에게 메시지를 전달하는데 극도로 중요하다. 그래서 고객은 반대급부로써 설명이 결론에 이를 때쯤에 긍정의 표현으로 고개를 끄덕이게 된다. 왜냐하면 당신이 그의 의사소통 시스템 속에 있었기 때문이다.

앞의 두 가지 방법보다 훨씬 중요하다고 여겨지는 세 번째는 설명할 때 하는 당신의 신체적 작용이다.

신체적 작용을 소위 말하는 몸짓 언어와 혼동해서는 안 된다. 사실 나는 몸짓 언어가 효과적이라고 생각하지 않는다. 신체적 작용은 손과 몸의 움직임, 제스처, 특이한 습관, 눈썹을 올리거나 머리를 기울이는 것 같은 동작 등을 말한다.

신체적 작용은 당신이 상대방과 의사소통하는 능력의 약 50~55%를 드러내는 것이다. 그들은 당신 몸의 신체적 작용이 자신들의 사고 패턴이나 몸동작에 일치하는지를 알기 위해 당신의 신체적 작용에 자신을 맞추어 볼 것이다.

지금부터 고객의 신체적 작용. 즉 몸동작, 독특한 습관, 제스처, 눈썹과 고개의 움직임 등을 기록해 보자. 상대방에게 설명할 때 그의 신체적 작용에 거울처럼 대응해 보자.

성공은 상대방과의 의사소통 능력과 직접적인 비례관계에 있으며 이런 방식을 통해 예상고객들은 당신이 전달하려는 정보를 받아들이고 설명을 끝낼 때쯤 당신과 당신의 제안에 대해서 완벽하고 편안한 그림을 그리게 되는 것이다. 이것이 바로 여러분의 목표이다.

☞ Tip 4

성공에 이르는 열쇠는 일치라는 점을 전제하고 있다.
고객의 마음에 일치라는 기회의 황금다리를 놓아라.

이제, 다시 일치(一致)라는 말로 돌아가 보자. 내가 '일치'를 두고 즐겨 쓰는 동의어는 '연결(連結)'이다. 만약 내가 후원하여 네트워크 비즈니스에 들이고 싶은 사람이 있고 그 사람을 나와 연결시킬 수만 있다면 나는 그를 내 조직으로 데려올 수 있는 기회의 황금다리 위에 서 있는 셈이 된다. 만약 그 사람이 나와 연결되지 않는다면 그가 조직으로 들어오는 일도 없을 것이므로 연결은 매우 중요한 것이다. 내게 있어 일치란 고객의 마음에 그와 나 사이를 연결하는 황금다리를 놓는 것을 의미한다.

내게는 절대적으로 옳다고 생각되는 한 가지 이론이 있다. 나는 그것을 '1000 : 1 이론' 이라고 부른다. 이것은 여러분이나 나를 포함하여 사람들 모두 다른 사람을 좋아하는 것보다 자신을 천배는 더 좋아한다는 이론이다.

당신 자신과 당신의 예상회원을 생각해 보라. 당신도 그가 당신보다는 자신을 천 배쯤 더 아낀다는 점에 동의할 것이다. 여기에 잘못은 없다. 신이 우리를 그렇게 만드셨으니까.

그렇다면 내가 이런 이야기를 하는 이유는 무엇인가? 당신이 당신의 조직으로 불러들이고 싶어 하는 예상회원과 함께 있을 때 이 1000 : 1의 이론을 근거로 해서 당신 자신 혹은 성취 업적을 얘기할 이유는 없다는 말을 하고 싶은 것이다.

예상회원은 누구에게 관심이 있는가? 바로 그 자신이다. 그러므로 답은 분명해진다. 그 예상회원의 목표와 관심사와 야망에 대해 말해야 한다. 그 사람은 당신이 무엇을 얼마나 성취했는지보다는 자신의 성취에 더 관심이 많을 것이다. 그는 앉아서 당신의 설명을 들으면서 그것이 자신에게 어떤 이로움을 가져다 줄 것이며 그 안에 자신을 위한 어떤 것이 있는지를 따지고 있는 것이다.

.........................................................

사람들은 닮은 성향끼리 이끌린다.
상대방의 같은 점과 비슷한 점을 찾아라.

.........................................................

이제껏 배우고 습득한 것을 기억하면서 일치의 형성에 대해 이야기해보자. 반대 성향은 서로에게 이끌린다는 말을 들었을 것이다. 정말 그렇다면 반대성향이 서로 이끌려 일치를 형성할 것이다. 그렇지만 나는 전혀 그렇게 생각하지 않는다. 나는 서로 동향인 사람끼리 이끌린다고 생각한다.

자신을 생각해 보라. 당신과 비슷한 사람과 함께 있는 것이 더 좋지 않은가? 당신의 가장 친한 친구나 배우자를 생각해 보라. 어째서 당신의 배우자와 결혼하게 되었나? 상대가 다소 비슷한 성격과 가치관을 가지고 있기 때문은 아닌가?

예를 들어 저녁 모임에 참석하러 외출을 한다고 생각해보자. 당신은 조용하고 말수가 적으며 조용조용 말하는 유형의 사람이다. 그 모임에 가면 당신은 한쪽 구석에서 큰소리로 웃고 떠드는 사람들을 보게 된다. 그때 당신의 본능은 그들이 당신과 다르다는 이유만으로 무리로부터 멀리 떨어지라고 한다. 여기에 옳고 그름은 없다. 다만 그들이 당신과 다르기 때문인 것이다. 당신은 그런 사람들에게 매력을 느끼지 못한다. 따라서 나는 반대성향끼리 이끌린다고는 생각하지 않으며 오히려 서로 닮은 성향끼리 이끌린다고 생각하는 것이다.

당신에게 나와 비슷한 점이 많을수록 나는 당신을 더 좋아할 것이다. 알다시피 나는 다른 그 누구보다도 나 자신을 천배는 더 좋아하므로 당신에게서 내 모습을 상기시킬 만한 구석을 발견할 때 당신을 더 좋아하게 될 것이다.

나 잭 스탠리와 같은 사람이 있다면 내 앞에 데려와 보아라. 그러면 나는 '1000'과 '1'의 이론대로 아주 가까워지는 것을 보여줄 수 있을 것이다. 그러나 반대로 나 잭 스탠리를 좋아하지 않는 사람을 데려와 보라. 그때는 내가 팔고 있는 프로그램이나 서비스를 그들에게 줄 수 없을 것이다.

'당신에게 나 같지 않은 점이 많을수록 나는 당신을 싫어하게 될 것이다. 그리고 내가 당신을 싫어한다면 당신과의 어떤 연관도 원치 않을 것이므로 당신에게 후원 받거나 당신이 파는 물건을 사는 일도 없을 것이다. 당신이 나와 동향일수록 나는 더 많이 당신을 좋아하게 될 것이다.'

이제 여기 또 한 가지 과제가 남게 되었다. 어떻게 다른 사람으로 하여금 자신을 좋아하게 만들 것인가? 단순히 우리와 비슷한 사람들을 찾기만 하면 되는 것인가?

그렇지 않다. 세상은 여러 가지 다른 유형의 사람들로 이루어져 있다. 우리는 그들이 그 누구보다도 자신을 우리 속에서 자신과 닮은 점을 발견할 수 있도록 하는 법을 생각해 낼 과제를 안고 있다.

만약, 그들이 우리에게서 자신들과의 유사성을 발견한다면 그 즉시 '일치'라는 기회의 황금다리가 놓이게 된다. 사람들은 자신을 닮은 사람과 함께 있고 싶어 한다. 성공에 이르는 열쇠는 바로 이 점을 전제하고 있는 것이다.

이를 어떻게 행할 것인가? 면담이나 프로그램을 제시할 때 '거울화'와 '어울림'이라는 방법을 활용해 볼 수 있다.

**※거울화나 어울림은 이런 뜻이다.**

첫째, 상대가 사용하는 단어를 똑같이 되받아 사용하는 것에서 시작한다.

상대가 당신과 대화할 때 사용하는 말들이 당신에게서 다시 나와 상대에게 되돌아 갈 때에 그가 가장 잘 받아들일 수 있는 언어가 된다. 그는 당신의 설명 속에서 낯선 단어들을 듣고 싶지는 않을 것이다.

이제부터 상대방이 대화에서 사용하는 어휘들을 잘 듣고 그가 사용하는 말들이 다시 그에게 거울처럼 반사되어 돌아가 어울릴 수 있도록 프로그램이나 계획을 설명해 보라.

**둘째, 상대방이 말할 때의 어조에 신경을 써야 한다.**

그가 부드럽게 말하면 부드럽게 말하고 그가 큰 소리로 말하면 크게 말하라. 그가 천천히 말하면 천천히 말하고, 빨리 말하면 빨리 말하라. 그가 말하는 방법이 그가 자신에게 말하는 방법인 것이며 그것이 바로 그가 타인들로부터 정보를 가장 잘 받아들이는 방법인 것이다. 당신이 그가 자기 자신과 의사소통하는 방식으로 그와 커뮤니케이션 할 수 있다면 더 우호적으로 메시지를 전달할 수 있다.

지금부터 사람들과 대화할 때는 상대방의 어조, 템포, 음량, 대화체 형식을 잘 관찰하여 그대로 돌려주도록 하라.

**셋째, 상대의 손과 몸의 움직임, 제스처, 특이한 습관 등 신체적 작용이다.**

만약에 상대가 등을 의자에 대고 똑바로 앉아 있다면 당신도 똑같이 상대가 앉은 대로 앉아라. 만약 발을 앞으로 뻗어 좀 더 느긋하게 앉아 있으면 당신도 그렇게 하라. 상대가 한쪽으로 머리를 기울이고 있다면 당신도 머리를 한쪽으로 기울여라.

사람들은 무의식적으로 당신에게서 그들 자신의 모습을 상기시키게 하는 무언가를 발견하기 바란다. 만약 당신이 이것을 성취한다면 그들의 의사결정체인 잠재의식은 당신에게서 자신이 좋아하는 무엇인가를 지니고 있는 사람이라고 느끼게 된다.

왜냐? 그들은 당신에게서 자신을 발견했고 또 사람은 누구나 자신을 좋아하므로 당신도 좋아하게 될 것이기 때문이다. 이제는 당신을 좋아하는 사람을 내게 데려와 보라. 그렇게 한다면 내가 당신과 그 사람 사이의 1000 : 1이 좁아짐을 보여주겠다.

나는 사람들 앞에서 지금까지의 내용을 설명 할 때, 여러 번 이런 질문을 받곤 했다. '잭! 사람들이 당신이 그들을 모방하고 있다고 생각할 가능성은 없나요?' 나의 대답은 언제나 같았다. 나는 판매경력 20년 동안 이렇게 해 왔지만 그 동안 단 한번도 내게 '잭, 당신이 날 따라 하고 있군요' 라고 말하는 사람은 없었다.

......................................................................

이 사람에게는 내 마음에 드는 점이 있다. 라는
일치감을 형성하게 하고 고객이 편안함을 느끼게 하라.

......................................................................

사람들은 누구나 친구를 찾는다. 누구나 자신과 닮은 누군가를 찾고 있는 것이다. 함께 있어 편안할 수 있는 사람을 찾고 있으므로 만약 당신이 그 사람을 편안하게 할 수 있다면 그를 당신의 그룹에 합류시키거나 구매하도록 만들 수 있을 것이다. 이것이 바로 '일치'에 관한 모든 것이다.

당신은 판매사원들이나 네트워크 비즈니스 혹은 마케팅 프로그램에 몸담고 있는 사람들 중 성공한 사람들을 볼 때 도대체 저 사람들을 성공하게 만든 자질은 무얼까? 하고 묻게 된다. 그들이 반드시 훌륭한 교육을 받았다거나 달변가이거나 혹은 좋은 계획을 가지고 있는 것은 아니다. 그들이 가진 것은 사람들과의 관계에서 일치(一致)를 형성하는 능력이다. 즉, 고객이 그들과 함께 있을 때, 편안함을 느끼게 되어 다음과 같이 스스로 말하도록 하는 능력이다.

'이 사람에게는 내 마음에 드는 점이 있다. 한 번 시도해봐서 안될게 뭐 있겠는가?

내가 이 책을 통해 당신에게 줄 수 있는 가장 가치있는 도구는 '거울화' 와 '어울림' 의 기술이다. 이 같은 방법을 사용하게 되면 의사소통의 세 영역을 조화롭게 달성할 수 있다.

설명을 좀 더 설득력 있게 만들기 위해 당신이 선택한 어휘와 그것을 표현할 때의 어조와 상대방과 같아지려는 신체적 작용이 일치를 달성하려는 최선의 방법이 되는 것이다.

☞ Tip 7

.............................................................

사람마다 특징(시각,청각,촉각)을
빠르게 읽어내어 그들의 채널에 맞춰 의사소통 하라.

.............................................................

이 장의 두 번째 부분은 의사소통의 방법에 의해서 목적하는 정보를 전달하는 방식에 관한 설명이다. 스스로에게 물어야 할 것은 당신의 의사소통 방식이 상대가 자기 스스로에게 의사소통 하는 방식과 동일한지를 판별해야 한다는 것이다.

차후에 다루겠지만 다음 질문에 대해 생각해 보기 바란다.

'사람마다 사물을 보는 방식이 다르다는 점과 그것이 어떻게 다른지를 알고 있는가? 여기서 말하는 사물 또는 현상은 판촉 홍보나 사업의 설명 같은 것도 될 수 있다. 왜 당신의 정보를 호의적으로 받아들이는 사람들이 있는 반면 그렇지 않은 사람들도 있는 것일까?'

사업 계획이나 상품을 설명함에 있어서 당신은 여러 번 그런 생각을 했을 것이다. 여러 차례 같은 설명을 하면서 당신은 분명 '어떤 때에는 아주 효력이 있는 듯싶다가도 또 어떤 때에는 왜, 신통치 않을까?' 라고 자문해 보았을 것이다.

왜 그럴까? 당신에게는 분명 매번 똑같은 소리로 들리고 똑같은 의미로 다가올 것이다. 그런데 왜 상대에 따라 설명의 효과가 다르게 나타나는 것일까? 그것은 사람마다 정보를 달리 받아들이기 때문이다. 다시 말해 서로 다른 채널을 통해서 의사결정체인 '마음' 으로 정보를 가져오기 때문이다.

당신은 아마 당신만의 방식에 의한 채널로 정보를 전달할 것이다. 그런데 상대방도 바로 그 채널로 당신이 전하는 정보를 받아들이는 경우가 있을 것이다. 그것은 왜냐하면 이들이 당신과 아주 유사한 채널을 가졌기 때문이다.

하지만, 그렇지 않은 경우도 분명히 있게 마련이다. 거듭 강조하여 말하지만 사람들이 정보를 받아들이는 방식은 제각기 다르다는 것이다

쉬운 예를 들어보겠다.

고속도로에서 사고가 났다. 두 대의 차량안에 있던 열 사람이 현장을 목격했다. 출동한 경찰이 열 명의 목격자에게 사고에 관한 진술을 받았다. 그리고 경찰차로 돌아와 각각의 진술서 내용을 검토한 경찰은 10장의 진술서에 적힌 내용이 서로 다르다는 것을 발견한다. 다시 목격자들이 있는 곳으로 돌아온 경찰은 '좀 도와주십시오. 여러분이 정말 똑같은 사건을 목격하신 게 맞습니까?'

그들의 대답은 '그렇습니다' 이다. 그러나 사고에 관한 정보를 각자의 마음에 따라 제각기 다른 방식으로 받아들였기 때문에 서로 다른 진술이 나온 것이다.

왜 그럴까? 사람들이 정보를 받아들이는 방식이 사람에 따라 서로 다르기 때문이다. 이제야 명확하게 당신은 사업설명과 상품판매에서 때로는 성공하고 때로는 그렇지 못한 이유를 알게 되었을 것이다.

'정상적인 인간은 시각, 청각, 촉각, 미각, 후각의 오감을 갖고 태어난다. 정상적인 사람은 누구든지 이 중 세 가지가 삶을 관할한다. 그리고 다른 두 가지 보다 강한 세 가지의 감각 중에 하나는 가장 지배적이고 강력하다.'

이 지배적 감각이 거의 대부분의 외부정보를 의사결정체인 '마음'으로 불러들이는 경로 역할을 하고 있다. 세 가지 지배적 감각은 시각, 청각, 촉각이다. 모든 인간에게 있어서 공통된 지배적 감각은 바로 이들 세 가지이다.

당신이 세 가지 중에 우선 순위의 목록을 정한다면 어떤 것이 가장 앞설까? 시각인가? 청각인가? 아니면 촉각인가? 무엇이든 그것은 보는 마음으로 불러들일 때 사용하는 채널이다.

네트워크 비즈니스 혹은 세일즈 종사자인 사람들은 상대에게 지배적 감각을 찾아내어 그 감각에 호소할 줄 알아야 한다. 그 지배적 감각을 통해서 의사를 소통해야 하는 것이다.

일단 이러한 메커니즘을 이해하고 나면 왜 당신이 전달하는 정보가 상대방에게 호의적으로 받아들여지기도 하고 그렇지 않을 수도 있다는 것을 이해하게 될 것이다. 이런 3가지 유형들에 대해 알아보자.

◎ 첫째 시각이 지배적 감각인 사람을 생각해보자.

대체로 이들은 활동적인 사람들이다. 대부분 시끄럽고 감정을 잘 드러내고 말이 빠르고 다채롭다. 항상 바른 자세를 가지며 입고 있는 옷이나 장식된 보석은 이들을 그대로 나타내준다.

이들은 눈을 통해 정보를 받아들인다. 이들에게 프로그램을 설명하거나 판매를 위한 설명을 한다 해도 정말로 당신이 하는 설명을 듣고 있는 것은 아니다.

이런 유형의 사람들은 당신과 더 친숙해지더라도 좋은 청취자가 되어주진 않는다. 당신이 말하는 것을 전혀 듣지 않는다는 말은 아니지만 당신이 전달하고자 하는 것을 듣는 것을 바탕으로 결정하진 않는다는 것이다.

'이런 사람을 당신의 조직에 참여시키거나 상품을 팔려고 한다면 그 사람은 프로그램과 그에 따른 결과와 자신에게 돌아올 이득을 눈으로 확인 해야만 믿게 된다. 이들은 자신이 본 것을 근거로 결정한다. 좋아 보이면 찬성하고 망설임 없이 쉽게 구입하게 되는 것이다.'

당연히 좋아 보이지 않는다면 그러지 않는다. 그러므로 계획

을 문서로 작성할 때 명확하고 동그라미를 그리는데도 솜씨를
부리는 것이 좋을 것이다.

만약에 선보이려는 제품이 있다면 이들이 볼 수 있는 곳으로
옮겨서 그들이 제품의 기능을 보고 상표를 보고 손으로 만져 볼
수 있게 하라. 이들은 시각적으로 얻게 되는 정보의 85%정도를
바탕으로 결정한다. 좋거나 믿을만한 게 보이지 않으면 아무것
도 팔 수 없을 것이다.

◎ 두 번째 유형은 청각적인 사람이다.

이들은 귀로 정보를 받아들이고 설명이 어떻게 들렸는가를 바
탕으로 머릿속에 그림을 그린다. 그렇다고 이들이 보지 않는다
는 것은 아니다. 당신을 보고 당신의 설명과 제품도 본다. 그러
나 본 것을 바탕으로 결정하지는 않는다.

'이들은 자신이 들은 것을 바탕으로 의사결정을 하는 사람들
이다. 좋게 들리면 제품을 사게 된다. 그것이 어떻게 보이더라도
좋게 들리지 않는다면 이들은 구매하지 않을 것이다.'

이런 유형의 사람들은 목소리가 다소 부드럽게 가라앉아 있고

자세는 느슨하며 시각적인 사람에 비해 행동이 느린 경향이 있다. 똑바로 몸을 세워 앉지도 않는다. 그러면서도 대부분 듣는 것에 집중한다.

이들을 상대로 이야기 해보면 이들의 시선이 줄곧 아래로 향해 있음을 알게 될 것이다. 많은 사람들이 이런 말을 해 왔다. '도대체 그 사람을 이해시킬 수가 없습니다. 제 눈을 똑바로 쳐다보지도 않거든요.' 그러나 이들이 당신의 눈을 보기 싫어하는 것은 아니다. 당신을 피하려고 하는 것이 아니라 오히려 당신의 말에 집중하려는 것이다.

이 사람들은 눈에 보이는 것에 의해서 주의가 분산되는 것을 원치 않는다. 귀로들은 것을 바탕으로 의사결정을 하기 때문에 듣고 있는 것에 모든 주의를 기울이고 싶어 한다. 따라서 좋게 들리게끔 한다면 새로운 고객을 얻게 되는 것이다. 그러므로 훌륭한 이야기꾼(진실 된 이야기꾼)이 될 필요가 있다.

단, 이야기든 설명이든 처음과 중간과 끝이 있어야 한다. 이야기를 끝냈을 때 당신의 이야기가 예상고객이 듣기에 아주 훌륭하다고 판단되어 이들이 들은 바에 의거하여 머릿속에 그림을 그릴 수 있어야 한다. 그리고 당신의 제안에 따르는 것이 이들에게 어떤 혜택을 주며 삶에는 어떤 영향을 미치게 될지에 대해서 예상할 수 있어야 한다. 사실상 이들은 상대방의 이야기를 모두 듣고 마음을 정하는 습성이 있다.

◎ 세 번째 유형은 촉각적인 사람이다.

'이들도 보고 들으면서 판단하기도 하지만 당신이 이들을 어떻게 느끼도록 만드는가에 따라 전하는 정보를 다르게 섭취하고 소화시킨다. 좋게 느끼면 판매에 성공하게 되는 것이고 그렇지 않으면 팔지 못할 것이다.'

좋아 보이고 좋게 들리지만 그들이 그것에 대해 좋은 느낌을 갖지 못한다면 판매도 고객도 없는 것이다. 이런 유형은 가장 흔하게 볼 수 있는 유형이다. 통계에 따르면 사람들의 60%가 소위 촉각적인 사람들이다. 이런 유형의 사람들은 쉽게 알아볼 수 있다. 이들은 훨씬 더 조용하고 더 느긋한 자세를 취하며 천천히 움직이면서 부드럽게 말하고 말수도 적다.

당신을 보고 이야기를 듣고 있지만 그들의 영혼과 마음이 시키는 대로 정보를 소화해 받아들인다. 당신은 아마도 자신에게 이렇게 물을지도 모른다. '이것이 정말, 그들이 자기 자신과 의사소통을 하는 방법인가?' 라고… 그렇다.

'사람들은 저마다 다른 방식으로 자신과의 의사소통을 한다. 그것은 마치 다른 채널위에 있는 것과 같아서 당신이 이들의 채널에 맞추지 않으면 전달하고자 하는 바도 이들의 마음에 긍정적으로 도달하지 못한다. 따라서 주문이나 회원가입에 서명을 요청 받았을 때 고개를 끄덕여 주지 않을 것이다.'

당신이 접하는 대부분의 사람들은 판매나 사업 설명과 같은 당신의 정보를 다른 채널과 파장 위에서 받아들인다. 가장 친한 친구나 배우자에게 이런 말을 자주 했을 것이다. '너는 내가 하는 말을 듣는 거야, 안 듣는 거야' 당신 말이 옳을 지도 모른다. 왜냐하면 그는 청각적인 사람이 아니라 시각적이거나 촉각적인 사람일 수도 있기 때문이다.

우리는 늘 이런 말을 듣곤 한다. '글쎄, 말씀하시는 것이 이해가 잘 안되는데요' 시각적인 사람은 당신의 말을 시각화해야 한다. 이들은 본 것에 근거하여 머릿속에 그림을 그린다.

청각적인 사람은 들은 것에 근거하여 프로그램과 상품의 혜택과 이점을 머릿속에 담아 둔다. 반면 촉각적인 사람들은 느낌에 따라 마음을 정한다. 느낌이 맞지 않으면 이들을 상대로 판매할 수 없다.

이렇듯 사람들이 정보를 받아들이는 방식이 같지 않음을 이해하고 나면 당신은 '1000'과 '1'을 더욱더 좁히는 과정에 들어서게 된다. 거대한 네트워크 구축에 성공한 사람들이 그렇게 할 수 있었던 것도 바로 이런 점들을 빨리 이해했기 때문이다. 사람마다 특징을 빠르게 읽어 내어 그들의 채널에 맞춰 의사소통을 했기 때문이다.

그렇다면 어떻게 사람들의 유형을 빨리 읽어 낼 수 있을까? 물론 그것이 쉬운 것은 아니다. 하지만 조금만 연습하면 가능하다는 것이다. 먼저 자신이 어떤 유형인지를 알아내야 한다.

'당신은 시각적인가, 청각적인가, 촉각적인가? 자신을 먼저 아는 것은 이 문제를 해결하는데 큰 도움이 된다. 왜냐하면 자신을 알게 되는 즉시 그것을 다른 사람을 판단하는 기준으로 삼을 수 있기 때문이다.'

내가 찾아낸 가장 빠른 길은 육하 원칙에 따라 상대방에게 몇 가지 질문을 던지기 시작하는 것이다. 상대를 대화로 끌어들여 그들이 하는 말을 듣고, 보고, 느끼면서 상대의 자세, 음성, 몸동작, 시선을 관찰하라.

이렇게 하면 상대의 채널을 읽을 수 있다. 실행하는 즉시 상대에 관해 새로이 얻게 되는 정보를 이용하여 당신의 설명방식에 적합한 형식을 적용할 수 있게 될 것이다.

이장을 끝마치면서 삶의 질과 미래의 마케팅, 판매 경력은 자신과의 의사소통 질과 다른 사람들과의 의사소통 질에 바탕을 두고 있다는 점을 기억하기 바란다.

넘어야 할 산은 다른 사람들이 그들 스스로와 의사소통하는 방식으로 당신이 그들과 의사소통해야 한다는 것이다.

'명심 하라! 당신이 나와 비슷할수록 나는 당신을 좀더 많이 좋아하게 될 것이고, 내가 당신을 좋아하게 되면 당신의 제품을 구매하거나 당신의 후원을 받게 될 가능성은 더욱 커지게 되는 것이다'

# 시간과 자기관리

"

당신이 하루를 다스리지 않으면
하루가 당신을 다스리고
당신이 사업을 다스리지 않으면
부도가 당신을 다스린다.

"

짐론 (풍요로운 삶을 위하여 명언집)

## 4장

## 시간 및 자기관리

 이번 장을 읽을 때쯤이면 당신은 하나의 특별한 성공 비결이라는 것이 없다는 사실을 알게 되었을 것이다.

 '살아가면서 사람들은 자주 외부에서 성공을 찾으려고 하지만 사실 성공은 우리 내부에서만 찾아낼 수 있는 것이다. 우리는 모든 수단과 지식을 이용해 보다 나은 자신이 되어야 하며 자신을 강하게 만들어야 한다.'

 이와 같이 해야만 하는 이유로는 첫째, 성공하기 위해서이며 둘째는, 자신의 것이 된 성공을 계속해서 유지하기 위해서이다. 성공을 만들어 주는 신비한 무엇이나 획기적인 비법이란 세상에 존재하지 않는다.
 한번은 어떤 여자 분이 내 강연을 들은 후 나를 찾아와서 '잭, 한 가지 문제가 있는데요. 저는 아무리 생각해도 오늘 들은 내용들을 실천해 볼 시간을 찾을 수가 없어요.' 라고 말했다.

# ☞ Tip 1

........................................................

### 생활의 비생산적인 분야에서 시간을 가져와
### 그 시간을 생산적인 일에 투입하라.

........................................................

나는 그녀의 말이 전적으로 옳다고 대답해 주었다. 왜냐면 그녀는 결코 시간을 찾아내지 못할 것이기 때문이다. 만약 당신이 진정으로 인생에서 성공하기를 원한다면 시간을 만들어' 내야만 한다. '무슨 말인가요, 잭?' 하고 그녀는 다시 물어 왔다.

여기서 한 가지 이해를 하고 넘어가도록 하자. 신은 모든 사람에게 똑같은 양의 하루를 부여했다. 아침에 눈을 뜰 때 우리는 이미 그날 사용할 24시간을 가진 상태이다. 단, 그 시간을 어떻게 쓸 것인지는 우리가 선택해야 한다.

성공하지 못했거나 끊임없이 성공을 찾아다니기만 하는 다수의 사람들은 자신에게 주어진 시간을 최대한 활용하지 못한 사람들일 가능성이 많다. 그들은 왜 성공이 저절로 찾아오기만을 기다리는 것일까? 정말로 성공하려면 생활의 다른 비생산적인 부분에서 시간을 가져오거나 훔쳐와서 그 시간을 생산적인 분야에 투입해야 한다.

이것이 이 장에서 말하고자 하는 '시간을 어떻게 최대한 활용할 것인가' 하는 것이다.

'시간은 가장 훌륭한 자산이 되어야 한다. 그렇지 않으면 가장 끔찍한 적이 될 것이다. 시간을 훔쳐 낼 수 있는 첫 번째 대상이 바로 TV이다. 당신은 일주일에 얼마만큼의 시간을 TV 시청에 쓰고 있는가?

최근 한 신문사가 실시한 조사에 따르면 보통의 가정에서 TV를 시청 하는 데 주당 40~60시간 정도의 시간을 쓰고 있다는 흥미로운 수치가 나왔다.

당신은 TV를 보는 것으로 돈을 벌어 본 적이 있는가? TV를 끄고 그 시간 동안 우리가 1, 2, 3장에서 이야기한 일들을 실행하는 데에 쓰는 것이 더 이익이 되지 않을까?

우리는 인생의 많은 시간을 비생산적인 행위를 하거나 보는 데에 낭비하고 있다. TV는 우리의 시간과 성공을 훔쳐가는 가장 큰 도둑이다. 문방구에 가서 테이프를 하나 구입해 TV의 전원 스위치에 붙여 버리자. TV를 끄고 당신의 인생을 켜는 것이다. TV 앞에 앉아서 시간을 보내면서 성공할 수는 없다.

또 하나의 시간도둑은 바로 우리들의 가족이다.

사람들은 모두 좋은 부모가 되고 싶어 하며 가족을 위해 뭔가를 하고 싶어 한다. 그래서 우리는 얼마나 많은 시간을 아이들의 뒤치다꺼리를 하며 학교, 학원, 현장 실습 등에 데려다 주거나 여기저기 다니는 일에 쓰고 있는가?

우리는 이런 종류의 일들 중 몇 가지는 다른 사람에게 맡겨야 한다. 돌이켜보면 아이들에게 경기장이나 생일 파티 등 몇 가지는 친구들과 대중교통을 이용하거나 친구 부모님의 차를 같이 타고 가는 것이 어떻겠냐고 얘기해도 괜찮을 법한 경우들이 대부분이다.

당신은 이런 시간들을 잘 관리해야 한다. 오래 전에 나는 만약 내 스스로가 인생과 시간을 관리 하지 않는다면 다른 누군가가 그것을 관리하게 되리라는 것을 알게 되었다.

애석하게도 대부분의 경우 우리의 시간을 관리하고 있는 사람들은 우리가 사랑하는 가족들이다. 중요한 것은 가족과 함께 보내는 시간의 양이 아니라 그 질이라는 점을 잘 알아야 한다.

생활에서 불필요하게 시간을 낭비하게 만드는 일들을 정리해 버린다면 가족들과 더욱 더 질 높은 시간을 보낼 수 있을 것이며 업무나 사업에도 더 많은 시간을 할애할 수 있을 것이다.

신은 모두에게 하루 24시간을 주셨다. 다른 사람이 내 시간을 관리하고 사용하라고 준 것이 아니라 나에게 주신 내 시간인 것이다.

'만일 당신이 정말로 성공하기를 원한다면 자신에게 물어봐야만 한다. 얼마나 절실하게 성공을 원하고 있는가? 만약 정말로 간절히 성공을 원한다면 마법의 단어인 'NO!' 를 사용하는 법을 배워야 한다.'

또한 위임하는 법을 배우는 것이 좋다. 당신의 인생에서 비생산적인 일들은 다른 사람에게 맡기기 시작하라. 당신은 '누군가에게 맡기라고? 누구에게 맡겨야 하지?' 라고 물을 것이다.

당신은 아직도 잔디를 깎는가? 잔디를 깎는 데에 얼마만큼의 시간이 걸리는가? 잔디 깎을 사람을 사는 데는 얼마의 돈이 드는가? 아마 시간당 5~6불 정도면 될 것이다.

물론 당신은 잔디를 깎는 일이 즐거울 수도 있겠지만 더 나은 곳에 쓸 수 있는 주당 2시간이라는 시간을 잔디를 깎는 데 허용하고 있는 것이다. 당신의 시간이 5~6불 보다 가치가 없는가? 그런 일은 다른 사람에게 맡기고 그 시간을 자신과 가족을 위해 쓸 수 있도록 해라.

당신의 연봉이 2,500불이라면 당신의 한 시간은 대략 12불 내지 13불 정도의 가치가 있다. 그러나 잔디 깎는 일이나 세차하는 일들은 다른 사람들에게 맡기고 그 시간을 자신의 일을 하는 데 사용하는 것이 훨씬 효율적일 것이다.

생활 속에는 돈을 지불하고 남에게 맡겨도 될 만한 일들이 몇 가지는 있게 마련이다. 시간은 너무나 소중하고 중요한 것인데 우리는 많은 시간을 비생산적인 일에다 낭비하고 있다.

우리는 한 주일 동안 이곳 저곳에 쓸 수 있는 여러 단위의 제한된 에너지를 갖고 있다. 만약 그 에너지 단위 중 일부를 당신의 업무나 프로그램에 투입하고 싶어 했을 때, 시간당 몇 불만 주면 맡겨 버릴 수 있는 종류의 집안 일로 피곤해진 상태라면 그것이 가능할 수 있을까?

'비생산적인 일에서 가져온 시간을 자신에게 이익이 되도록 활용하라. 위임할 수 있는 일은 다른 사람에게 위임하라. 이 방식이 적절히 몸에 배면 우리는 나 자신을 위한 일에 최대한 시간을 배려할 수 있게 될 것이다.'

··················································

'실행(實行)' 목록을 작성하여
당신의 무한한 능력과 잠재의식을 일깨워라.

··················································

다음으로는 매일 자신이 성취하고 싶은 일들의 '실행(實行)' 목록을 작성하는 것이다. 무엇이든지 그날 해내고 싶은 일들을 모두 적어보라.

성취하고 싶은 일들 중에 가장 중요한 것은 무엇인가? 우선순위대로 놓고 그에 따라 일을 시작하라.

놀라운 사실은 일단 당신이 몇 가지 일을 목록으로 작성하는 방법을 통해 확인하는 일이 당신이 가진 무한한 능력과 잠재의식 속으로 그 일들을 처리하라는 메시지를 보내는 것과 같다는 점이다. 따라서 해내고 싶은 일들을 적도록 하라.

그리고 매일매일 새로운 목록을 만들어 저녁에는 그 목록들을 다시 검토하여 성취된 항목은 지워버리고 스스로 자신을 칭찬해 주어라. 해내지 못한 일들은 다음날의 목록으로 넘기고 가장 먼저 해야 할 일로 삼아라.

·····

························································

> 돈은 더 많이 벌 수 있지만 시간은 그럴 수 없다.
> 시간은 돈보다 더 가치가 크다는 것을 인식하라.

························································

다음으로 당신이 업무 활동에 이용하고 있는 작업실이나 책상을 정돈하라. 업무를 정리하고 정보를 분류 정리하여 물건을 찾느라고 시간을 허비하는 일이 없도록 항상 모든 것을 논리적이며 질서정연한 상태로 유지하라.

나는 어지러진 책상에 앉아 일을 하겠다고 애쓰는 사람들을 많이 보아 왔다. 어지러진 책상은 흐트러진 정신 상태를 고스란히 드러내는 것이다. 책상과 정신을 정돈된 상태로 유지하라.

단지 물건들을 정리정돈 해 놓는 것만으로도 엄청난 시간을 절약할 수 있다는 사실에 놀라게 될 것이다. 우리는 평소 많은 시간을 다른 사람에게 전해 줄 자료를 찾아 헤매거나 이곳 저곳 뒤지고 다니는 데 허비하고 있다. 그리고 많은 경우 그것들을 찾지 못해 낙담해 한다.

그것이 자가용 내부이건, 책상 위이건, 집 또는 사무실이 됐던 간에 항상 주위를 체계적으로 정리해 두도록 하라.

'당신이 명심해야 할 또 한 가지는 매일 조용히 침묵하는 시간을 가지는 것이다. 침묵을 지키고 자신의 내면으로 들어섰을 때 마음과 의식 속에 떠오르는 그 어마어마한 생각들이 당신을 깜짝 놀라게 만들 것이다.'

여러분은 조용히 명상하거나 기도하는 자세로 앉아 있는 사람들에 대한 이야기를 많이 듣고 또 읽어 보았을 것이다.

때때로 당신도 조용히 눈을 감고 아무것도 생각하지 않으며 주변에서 일어나고 있는 모든 일들을 마음속에서 깨끗이 지워 버린다면 당신의 머릿속에서 굉장한 아이디어들이 끝없이 떠오르게 될 것이다. 침묵속에 자신의 내면으로 들어가 자신의 잠재의식을 일깨우도록 하라.

또 한 가지 중요한 것은 하루 동안 발생하는 전화 통화의 체계를 세우는 일이다. 전화가 걸려오면 대화를 리드하여 적당한 선에서 끝맺는 방법을 배워라.

우리는 잡담을 늘어 놓으며 시간을 보내기 위해 걸려오는 전화들을 많이 경험한다. 그들은 당신의 시간도 같이 낭비하고 있는 것이다. 상대방이 전화한 목적을 알아냄으로써 대화를 조절하고 용건만을 말하게 하여 무의미한 전화통화에 시간을 허비하지 않도록 통화하는 법을 배우는 것이 좋다.

진정 성공한 사람들은 후원을 위한 모임이든지 판매를 위한 모임이든지 간에 모임의 중요성 여부를 떠나 항상 약속시간을 정확히 지킨다.

전에는 약속을 종종 어겼더라도 지금부터는 당신이 누군가에게 언제 어느 장소에 가 있겠다는 약속을 했다면 꼭 그 시간에 그 장소에 가 있도록 하라.

시간을 지키는 것은 성공을 위해서만이 아니라 인간 됨됨이에 대한 평판에서도 절대적인 자질이다.

'약속시간에 자주 늦는 것은 당신이 시간에 맞추어 올만큼 자신을 잘 다스리지 못하고 있음을 나타낸다. 그리고 상대방의 입장에서는 당신이 그들의 시간을 존중하지 않는다는 것을 그들에게 말해주는 것이 된다.'

누구에게나 하루 24시간 중에 좀더 창의적이고 생산적일 수 있는 시간대가 있다. 어떤 사람들에게는 아침시간이 그렇고 또 어떤 사람들에겐 저녁시간이 그렇다. 그러므로 차분히 앉아서 당신이 언제 가장 의욕적으로 활동할 수 있는지 분석해 보는 것이 좋을 것이다.

당신은 언제 가장 능률적으로 일하는가? 아침시간인가? 아니면 저녁시간인가? 자신에게 있어 어느 시간대가 가장 생산적인 때인지 알아내서 그 시간대에 노력의 투입량을 집중시켜라.

이런 시간은 하루에 두서너 시간 정도밖에 되지 않을 수도 있다. 하지만 그 시간대만큼은 당신이 가진 에너지와 열정, 의욕이 다른 때보다 훨씬 많기 때문에 더 큰 성과를 거둘 수 있다는 사실을 명심해야 할 것이다.

이제 당신이 어느 때 가장 의욕적인 힘이 솟구치는지 알아내어 그 시간을 업무 활동에 투자하라. 사람들에게는 누구나 이런 종류의 정신적, 육체적 신진대사의 리듬이 있다. 하지만 그것은 개개인에 따라 다르다. 자신이 가장 의욕적인 시간대를 찾아 작업을 한다면 최선의 성과를 거둘 수 있을 것이다.

성공의 열쇠 가운데 가장 중요한 것 중 하나는 시간과 시간을 관리하는 방법, 그리고 자신을 관리하는 방법이다. 당신은 인생을 허둥지둥 살아가며 아무것도 이룬 것이 없는 사람들을 본적이 있을 것이다. 반면에 방법론적으로 목표에 접근하여 작업을 하고 시간을 잘 운용하여 훌륭한 결실을 거두면서 다른 한편으로는 계속해서 또 다른 목표를 세워 나가는 사람들도 보았을 것이다.

후자의 경우는 인생에서 다른 사람들에 비해 더 많은 것을 성취하는 사람들이다. 그렇기에 매사를 조직적으로 다루지 않을 이유가 있겠는가? 성공하기 위해서는 시간을 아주 소중하게 여겨야 할 이유가 있는 것이다. 따라서 당신의 시간을 최대한 잘 활용하고 매분 매초를 의식하라. 그리고 당신에게 주어진 매 시간이 유용하게 쓰여 지고 있는지를 체크하라.

'시간은 바르게 사용하면 가장 훌륭한 자산이 된다. 그러나 그냥 흘러가게 내버려둔다면 가장 끔찍한 적이 될 수 있다. 시간은 일단 써 버리고 나면 이미 지나간 시간이 되어 결코 되돌릴 수 없기 때문이다.'

마지막으로 일과 조직적인 목표들을 떠나서 잠시 쉬고 있을 때에는 업무에 대한 생각은 일체 하지 말아야 한다. 머릿속을 비우고 자신을 재충전시켜 새롭게 만들어라. 업무를 생활의 구석구석까지 끌고 들어가지 마라. 이런 혼잡한 태도는 당신을 수렁으로 빠뜨려 결국 정신적인 익사의 결과를 초래할 것이다.

그러므로 업무 중에 있거나 조직을 구축하고 있는 상태가 아니라면 머리 속의 생각들을 자유롭게 놓아주어라.

그리고 앞서 말한 가장 의욕적인 그 시간대가 되면 자신을 그 일에 몰입시키도록 하라.

# 5장  상상력의 파워

"

상상력은 창조력의 시작이다.
바라는 것을 상상하고
상상한 것을 의도하고
마침내 의도한 것을 창조하는 것이다.

"

버나드 쇼

# 상상력의 파워

　20대 후반에 이미 프랑스 황제가 되었을 뿐 아니라 서유럽의 대부분을 정복했던 인물 나폴레옹 보나파르트는 '상상력이 세상을 지배한다' 라는 유명한 말을 남겼다.

　그가 세상을 정복할 수 있었던 것은 거대한 군대나 최상의 무기를 가졌었기 때문만은 아니었다. 바로 남들이 상상하기 힘든 위대한 전략들로 그것을 이루어 낸 것이다.

　심지어 오늘날에도 군사 전략가들은 나폴레옹의 전투 구상과 아이디어들을 연구한다. 나폴레옹은 언제나 적에게 접근하여 정복하는 새로운 방법을 고안 해냈으며 과거에 없었던 전략들을 창조해냈다. 1800년대 초반에 상상력이 세상을 지배했었다면 오늘날에도 과연 상상력은 세상을 지배하는가? 물론 그렇다!

　'기술문명, 전산화, 새로운 발명들과 우주과학에 이르기까지 우리들 생활 주변에서 일어나고 있는 급격한 변화의 현상들을 보라. 이 모든 것들이 어디에서 왔는가? 모두 누군가의 상상력에서 나온 것이다.'

······································

"상상력이 세상을 지배한다"
당신의 풍부한 상상력을 비즈니스에 활용하라.

······································

당신은 이처럼 상상력이 풍부한 발상들을 비즈니스를 위한, 네트워크 구축에 적용시켜야 한다고 생각할 것이다. 그렇다!

그러나 문제는 대부분의 경우 우리가 성장과정과 생활 속에서 상상력을 이끌어내고 사용하는 것에 대하여 억제 당해왔다는 점이다.

대 여섯 살 되던 해, 학교에 입학하면서부터 대학이나 군대에 들어갈 때 까지 우리는 상상력을 사용하지 못하도록 억압당하거나 위축되어졌다는 사실을 알고 있는가? 우리는 통제 당했고 심지어 프로그램화 되어졌었다.

이렇게 하라. 저렇게 하라. 이쪽으로 가라. 저렇게 서있으라. 학교에 가라..... 삶의 모든 부분들이 상상력을 사용하지 못하도록 짜여져 있었다. 왜 학교와 군대는 그렇게 체계화 되어 있었을까? 그것은 그런 식의 체제가 우리를 조직적으로 훈련시키고 관리하기 쉽도록 만들어 주었기 때문이다.

만약 모든 사람들이 같은 시간에 같은 일을 한다면 책임자의 일은 더욱 쉬워질 것이다. 바로 이 점에 문제의 핵심이 놓여진 것이다. 학교를 졸업하거나 군대를 제대하고 나서 우리들은 자신의 삶을 어떻게 관리하고 또 어떻게 생계를 유지해야 할지 잘 모른다.

학교는 우리를 혁신적이고 창조적이며 생산적인 인간으로 만들어 주지 않는다. 우리는 스스로 생각하는 방법과 심지어 자신의 상상력을 사용하는 방법까지도 잊고 살아왔던 것이다.


50대 이상 독자들의 어린 시절을 생각해 보라. TV가 상업화되지 못했던 그 시절에는 라디오 밖에 없었다. 아마도, 일년에 한 번 정도 볼 수 있었던 이동식 극장이 고작이었을 것이다.

당신과 친구들이 함께 만들어 냈던 게임과 놀이들을 생각해보라. 저녁나절 무엇을 하며 놀았는지 기억이 나는가?

바깥이 어둑해지면 가족과 함께 둘러 앉아서 라디오를 듣던 시간, 당신의 마음은 얼마나 자유롭게 상상의 날개를 펼쳤는지 기억할 수 있겠는가? 라디오를 듣고 있을 때, 당신의 상상력은 당신을 압도하여 라디오에서 묘사되고 있는 것들을 마음속에서 실제로 볼 수 있었을 것이다.

'화이버 맥기와 몰리' 같은 프로그램을 청취할 때 기분이 어땠는지 생각해보라. 화이버 맥기가 벽장문을 열자마자 자질구레한 잡동사니들이 쏟아지는 순간 그 재미나는 소리들을 들으며 당신은 그 장면을 마음속으로 그려보았을 것이다. 이런 것이 바로 '상상력'이다

어렸을 때 라디오에서 '미드나잇 선장'이나 '테리와 반역자들', '고독한 레인저와 톤도', '마블 선장'과 같은 연속극물들을 듣던 때를 기억해 보라. 싸움하는 장면에서 당신은 악당이 흠씬 두들겨 맞는 장면을 그려볼 수 있었을 것이다. 싸움하는 소리를 마음으로 듣고 있던 그 때의 당신은 싸움터에 실제로 가 있었던 것이다. 그것이 바로 '상상력'이다.

야구 같은 운동경기를 할 때는 또 어땠는가? 요즘 아이들은 잘 갖추어진 장소에서 정식 경기를 한다. 유니폼과 구장을 갖추고 심판까지 두고 있다. 하지만 당신이 어렸을 땐 친구들과 약식 경기를 만들어 게임을 해야만 했었다.

유니폼도 없었고 야구화도 없었으며 심판은 물론 정식경기를 할 만한 충분한 장비도 없었다. 그래서 자기들만의 경기 규칙이 있었고 한 시간짜리 약식 야구경기를 하곤 했었다.

하지만, 홈을 밟으며 점수를 낼 때마다 당신은 언제나 테드 윌

리엄즈가 되고 스탠 뮤지얼이 되고 조 디마지오가 되었다. 그때 당신은 그런 성공한 인물들이 되려고 노력했던 것이다.

☞ Tip 2

·········································································

당신이 어린아이였을 때를 생각해보라.
우리들의 미래는 어린 시절 상상력에서 시작되었다.

·········································································

나는 요즘 아이들이 스스로 자신들만의 경기를 만들어 낼 수 있을지 그럴 만한 상상력을 가지고 있을지 의심스럽다. 아마도 다른 누군가가 대신해 주어야만 할 것이다.

우리가 어렸을 땐 상상력을 이용하여 밤에 술래잡기 놀이나 깡통차기를 했었다. 상대방을 이길 수 있는 방법과 그 가능성을 타진하는 데에 당신의 상상력을 사용했던 것이다.

대부분 사람들의 장래는 어린 시절 상상력을 사용하는 데서 시작되었다. 그들은 자신들이 자라서 무엇이 되고 싶어 하는지 알 수 있었던 것이다.

요즈음 아이들이 학교에서 돌아와 제일 먼저 하는 일은 TV를 켜거나 컴퓨터를 켜는 것이다. 어떤 프로그램이 방송되고 있는지 상관하지 않는다. 그냥 TV를 켜는 것이다. 그들은 대부분의 시간을 건성으로 TV를 보거나 게임에 빠져 있다.

스스로 즐길 수 있는 능력을 잃어버린 것처럼 보인다. 그리고 자신이 직접 참여하기보다는 TV를 통해 다른 사람들의 행동과 경기를 지켜보는 것을 좋아한다.

또 다른 예를 한 가지 들어보겠다. 우리가 어렸을 때 극장에 가기 위해서 또는 뭔가를 사기 위해 돈이 필요했을 때를 생각해 보자. 우리들에게는 대부분의 돈이 부모님으로부터 언제나 받아 낼 수 있는 손쉬운 것이 아니었다. 따라서, 당신은 돈을 벌 수 있는 독창적이고 새로운 방법을 고안해 내야만 했었다.

어린 시절 당신이 여분의 돈을 벌기 위해 했었던 모든 일들을 생각해 보라. 아마, 음료수 병을 모아서 상점에 가져다주고 몇 푼을 받기도 했을 것이고 땔감을 하거나 청소도 해봤을 것이며 이웃집의 잔일을 해 주기도 했을 것이다. 아니면 눈을 치우거나 이웃에 심부름을 가기도 했을 것이다.

중요한 것은 그 당시 당신은 돈을 벌어야만 했고 그렇게 하기 위해서는 상상력을 사용해야만 했었다는 사실이다. 어떤 것도 손쉽게 그냥 주어지지 않았다.

당신은 그 시절로 돌아가고 싶지 않을 것이다. 그 점에 있어서는 나도 마찬가지다.

당신은 또한 자녀들이 과거에 당신이 가졌던 것 보다 더 나은 것을 갖기 바랄 것이고 나도 내 아이들이 어린 시절 내가 가졌던 것보다 더 나은 것들을 갖길 바란다.

우리는 사회의 어른으로서 또 부모로서 우리의 젊은이들이 자신들의 상상력을 사용하고 재발견하도록 가르쳐야 한다. 또한 나는 우리의 교육체계에도 문제가 있다고 생각한다. 구구단을 외우지 못하고 더하기, 빼기, 나누기를 하지 못하는 학생들을 본 적이 있는데... 왜냐하면 계산기를 사용하는 것이 훨씬 더 편리하기 때문이라는 것이다.

이 말에 동의하는 교사들도 나는 알고 있다. 하지만, 만약에 스스로 계산하는 법을 배우지 않는다면 계산기의 배터리가 다 닳아버리거나 없는 경우에는 어떻게 할 것인가? 전자시계가 아닌 수동시계로는 시간을 읽지 못하게 될 지도 모른다.

우리는 또한 학교에서 유용하게 쓸 수 있는 컴퓨터 프로그램을 잘 알고 있다. 하지만, 이 컴퓨터 프로그램들은 젊은이들의 상상력을 구속하기도 한다. 오늘날엔 상상력을 발휘하여 직접 문제를 풀지 않아도 컴퓨터에 집어넣기만 하면 모든 종류의 가능성과 해답을 얻을 수 있도록 되어있기 때문이다.

........................................................................

변화는 할 수 있는 일들 중에 가장 어렵고 도전적인 일이다.
하지만 변화에 도전할 수 있는 용기를 가져야 한다.

........................................................................

지금 이 순간부터 더 이상 체제에 순응하지 않는다고 하면 어떻게 될까? 체제에 따르지 않을 뿐만 아니라 전적으로 독자적인 사고를 한다면? 우리는 묶여있는 우리의 상상력을 풀기 시작할 것이다. 반역자가 되거나 법을 어기라는 말이 아니다. 이제부터 창조적이고 혁신적인 인간이 되라는 말이다.

나의 형 빌과 나는 항상 추종의 반대는 용기라고 말해 왔다. 추종하지 않기 위해서는 용기가 필요하다. 왜냐하면 누구든지 다른 사람들과 다를 때, 그 사실은 그를 다수로부터 고립시키기 때문이다. 뭔가 다른 것을 시도한다는 것은 변화를 의미한다. 변화는 우리가 할 수 있는 일들 중 가장 어렵고 도전적인 일이다.


'우리가 정말로 성공하기를 원한다면 혁신적이고 창조적이고 상상력이 풍부한 사람이 되어야 한다. 지금 스스로에게 물어보라. 어떻게 내 안에 상상력을 흔들어 깨워 새롭게 할 것인가?'

·····················································

상상력에 자극을 줄 수 있는 도구들을 활용하여
당신의 내부에 잠자고 있는 상상력을 흔들어 깨워라.

·····················································

하지만, 그 이전에 당신의 옆에 놓여 있는 도구들이 어떤 것들
인지, 그것들을 다시 익숙하게 사용할 수 있는지, 그리하여 이
마법의 거인(상상력)을 흔들어 깨우는데 도움을 줄 수 있는지를
물어 보아야 할 것이다.

이 지구상에서 인간만이 유일하게 창조력과 혁신성 그리고
풍부한 상상력을 지닌 종(種)이라는 사실을 알고 있는가?

우리의 상상력을 일신시킬 수 있는 도구들에 대해 얘기해 보
도록 하자.

우선 카세트 테이프나 CD, 또는 동영상은 어떠한가? 내 말이
틀렸다면 지적해 달라. 하지만, 동기부여에 관해서 또는 인성개
발에 관해서 훌륭한 연사의 강의를 듣고 난 후에 항상 기분이 좋
아지거나 굉장한 아이디어들을 얻어내곤 하지 않는가? 당신이
좋아하는 테이프나 CD, 동영상 등을 찾아서 계속 그것을 들어보
아라.

'당신의 기호에 맞으면서 심금을 울리는 연사의 강의를, 한두 가지 찾아내어 그 안에 자신을 몰입시켜라. 반복해서 계속 들으라. 들을 때마다 매번 무엇인가 새로운 것을 듣게 될 것이고 또 새로운 아이디어를 얻게 될 것이다.'

왜냐하면 반복하여 강의 내용을 들을 때 마다 당신은 몇 분전과는 다른, 새로운 사람이 되어 있을 수 있기 때문이다. 이러한 것들은 우리 내부의 상상력을 일깨우는 매우 훌륭한 도구이다.

나는 이러한 것들이 사람들의 인생을 바꿔 놓은 여러 사례들을 자료로도 제시할 수 있다. 이런 도구들은 당신의 내부에서 잠자고 있는 마법의 거인을 흔들어 깨우는 새로운 활기를 선사해 줄 것이다.

두 번째로 생각해 볼 수 있는 도구는 마케팅에서 행하는 미팅(Meeting)이다. 늘 그저 그런 회의가 되게 하는 대신, 당신이 미팅에서 이용하고 소개할 수 있는 새롭고 혁신적인 아이디어들을 생각해 보는 것은 어떨까? 매일 매일이 다르지 않은 그런 회의 대신, 새롭고 영감을 줄 수 있는 모임을 만들어 보는 것은 어떨까? 지도자 모임은 어떤가?

다양한 직종에 종사하는 다른 유형의 사람들을 찾아보아라. 그리고 함께 모임을 조직하고 여기에서 공동의 상승작용을 일으켜라. 훌륭한 사고력을 가진 사람들을 찾아내고 함께 모여 서로의 생각을 나누며 연구를 시작하라.

지도자 모임에서 '할 수 없다'라는 말은 있을 수 없다는 것을 명심하라. 지도자 모임에 있을 때에는 모든 장애물을 걷어내고 거칠 것 없이 사고하라. 그 가능성과 결과는 대단할 것이다.

이제 지도자 모임이란 어떤 것인지 또 당신에게 어떤 이득을 가져다 줄 수 있는지에 대해 얘기하겠다.

일단 너댓명 또는 여덟명 정도의 사람들을 찾아내어 모임을 조직하여라. 그들은 반드시 사고력이 깊은 사람들이어야 한다. 어떤 일을 하는 사람이든 상관없다. 은행가도 괜찮고 부동산 중개인이나 사업가 타입의 사람 등 누구든 상관없다.

'당신과 다른 생각이나 관점을 가진 사람도 필요하다. 한 달에 한번 모임을 가지며 새로운 아이디어를 내거나 회원 중에 누군가가 안고 있는 업무상의 문제를 함께 궁리하며 서로에게 어떤 도움을 줄 수 있을지 연구하라.'

상상력에 자극을 줄 수 있는 또 하나의 방법은 독서다. 연애소설을 말하는 것이 아니다. 인간개발과 사업에 관한 책, 창조적이며 동기부여의 기능을 가진 책들을 말하는 것이다.

훌륭한 저자들이 자신들의 생각을 책을 통해 기꺼이 나누어주고 있다. 이런 책을 읽으면서 동시에 개인적으로 좋아하는 책도 한두 권씩 더 읽어라.

추천을 원한다면 리처드 바크의 책들도 좋을 것이다. 그의 작품은 상상력이 풍부해서 아주 자극적이며 강한 동기부여를 한다. 얼 나이팅게일이나 노만 빈센트 필, 웨인 다이어도 뛰어난 작가들이다.

웨인 다이어의 〈에쿠우스로부터의 선물(The GiftFrom Evkus)〉을 읽으려면 당신의 상상력을 사용해야만 할 것이다. 리처드바크의 경우도 마찬가지다. 그의 책 〈환상(Illusion)〉을 읽노라면 잠자던 생각들이 깨어나 날개를 펼치고 날아다니기 시작하는 것을 느낄 수 있을 것이다.

'우리의 정신도 높이 날아올라야 한다. 또한 창조적인 사고도 자유롭게 풀어주어야만 한다. 책은 그것들을 가능하게 해준다.'

우리는 책을 읽되 숙독하지 않는 경향이 있다. 대부분 건성으로 흘려 읽는다. 이런 방법은 두뇌 자극에 조금도 도움이 안된다.

사실상 연예잡지류는 대부분 부정적인 영향만 미칠 뿐이다. 이런 류의 책들은 절대 읽지 말라. 좋은 책을 찾아서 한권은 침대 옆 소탁자에 또 한권은 식탁에 그리고 거실에도 한 권을 놓아두고 이들을 유용하게 사용하라. 독서는 상상력을 자극시키는 훌륭한 방법이다.

'새로운 것과 새로운 생각을 배울 수 있는 또 하나의 방법은 두 명 이상의 사람들과 대화하는 것이다. 나는 다른 사람의 얘기를 들음으로써 훨씬 많은 것을 배울 수 있다는 사실을 깨달았다. 다른 사람과 대화할 때는 그 시간을 독점하려고 하지 말라. 대신 그들에게 질문을 하려고 노력하라.'

나는 언제나 앞서 설명했던 마법의 여섯 개 단어들로 질문을 한다. 누가, 언제, 어디서, 무엇을, 어떻게, 왜?…

다른 사람들이 말하도록 배려한 후, 주의 깊게 그들의 말을 들어보라. 언제 좋은 아이디어나 생각이 떠오를지 아무도 모르는 일이다. 나는 대화를 독점하려 애쓰는 사람들을 많이 보아 왔다.

그러나 훌륭한 청취자가 되는 것이 훨씬 당신에게 이득이 될 것이다.

성공으로 가는 길은 대다수의 사람들이 생각하는 것보다 훨씬 간단하다. 사람들은 자신에게 '이건 너무 어려워 보이는 일인데… 엄두도 내지 말아야겠군' 이라고 말하곤 한다. 그러나 다시 말하지만 이건 결코 어려운 일이 아니다. 한 걸음 내디딤과 동시에 다시 한 걸음을 시작하는 것이다. 절대로 성취 불가능한 일이 아니다.

'목표와 꿈을 달성하고 성공하는 것에 있어 신비한 비법 같은 것은 없다. 그것은 자기 개발의 과정이며 최고의 인간, 최고의 사업가, 최고의 세일즈맨이 되는 과정이다. 우리는 모두 그러한 자질을 지녔다. 모든 것을 내 안에 가지고 있으면서도 단지 상상력의 부족으로 스스로를 제대로 보고 있지 못하는 것뿐이다.'

# 6장  목표설정의 중요성

"

목표는 영원한 기쁨이며 사람이
소유하고 있는 토지와 같은 것이다.
그것은 해마다 수익이 올라가고
결코 버릴 일이 없는 확실한 재산이다.

"

월플

# 목표설정의 중요성

'나는 사업상의 성공이나 육체적 정신적 만족감의 성취, 인생에서 여타의 모든 활동을 함에 있어서 목표 설정이 가장 중요한 요소가 된다고 생각한다. 즉 목표설정은 확실한 성공을 위해 꼭 필요한 요건이다.'

지난 20년간 북동부에 있는 한 유명한 대학의 졸업반을 대상으로 실시된 연구가 있다. 백 명의 예비졸업생들이 면담을 통해 '자신들의 인생 목표를 차분히 앉아서 써 내려가 본적이 있는가?' 라는 질문을 받았다. 그때 인터뷰를 한, 학생들 중에 단지 네 명만이 그런 적이 있다고 대답했다.

그 후 20년이 지나고 그 백 명의 학생들은 다시 면접을 통하여 졸업 후, 자신들의 삶에 대한 질문을 받았는데, 그들로부터 아주 흥미로운 결과를 얻어 낼 수 있었다.

자신들의 삶의 목표를 써 내려가 본 적이 있다고 대답했던 네 명의 학생들은 나머지 학생들보다 행복한 인생을 영위하고 있는 것으로 나타났던 것이다. 그들은 화목한 가정과 양호한 건강상태를 유지하고 있었으며 자신들의 인생에 있어서 진정한 정신적 의미를 찾은 것 같다고 대답했다.

그리고 가장 중요한 사실은 그 네 명의 학생들은 나머지 96명의 학생들보다 물질적인 여유를 더 풍족히 누리고 있더라는 점이다. 그들은 다른 나머지 학생들보다 실제로 더 많은 돈을 벌어들였으며 그럴 수 있는 능력을 갖추고 있었던 것이다. 그렇다면 그러한 결과가 생겨난 이유는 무엇일까?

목표를 설정하게 되면 실제로 어떤 힘을 얻을 수 있다고 나는 믿고 있다. 이런 말을 들으면 혹자는 '도대체 어떤 힘 때문인지, 무엇이 이러한 힘을 일으키게 한다는 것인지. 그리고 그것이 어떻게 가능한가?' 하는 등의 질문을 던질 것이다.

이러한 질문들에 대한 대답을 위해서는 정신 및 인간개발에 위대한 업적을 남겼던 과거의 인물들을 살펴보고 그들의 사상에 대한 논의를 해보아야 할 것이다.

이런 위대한 인물들의 위대한 사상은 대부분 한 번 쯤은 들어보았음직한 것들이지만 막상 그 당시에는 그다지 와 닿지 않았을는지도 모른다.

........................................................

'마음에 품은 생각대로 사람은 그렇게 변한다.'
'자신의 꿈을 강하게 믿고 그 꿈이 삶속에서 이루어지도록 하라.

........................................................

처음으로 내가 언급할 사람은 나의 정신적 지도자로서 내가 존경해마지 않는 인물이다. 그는 얼 나이팅게일이라는 사람으로 그야말로 다른 어느 사상가들보다도 수많은 사람들을 성공으로 인도한 인물이라고 생각한다. 그는 별세하였지만 이전부터 사람들이 자신의 모든 잠재능력을 최대한 발휘할 수 있도록 도왔던 위대한 사상가 중 한 명 이었다. 그는 '가장 이상한 비밀' 이라는 테이프를 통하여  과거 종교계 지도자들이 이야기했던 것들을 그 자신만의 색다른 스타일로 전달하였다.


'사람은 자신이 생각하고 믿는 대로 된다는 것이다. 실패에 대해 생각하면 실패하게 될 것이고 건강과 행복과 풍족을 바라고 믿는다면 그러한 것들을 성취하게 될 것이다. 마찬가지로 사랑과 애정을 추구한다면 그것을 얻을 것이고 부정적인 것을 생각하고 믿는다면 그것이 인생에 그대로 반영될 것이다.'

이렇게 그가 말한 비밀이란? 말 그대로의 비밀이라기보다는 수천 년 동안 사람들이 이야기해 왔던 것이다. 얼 나이팅게일은 나처럼, 사람은 생각하는 대로 변한다는 것을 믿었다.

약 2000년 전 어떤 비범한 사상가는 이것을 이렇게 표현하였다. '마음에 품은 모습대로 사람은 그렇게 변한다.'

사람들은 예수가 단순히 사랑과 애정 그리고 종교적 신념에 대해 이야기 했다고 생각하지만 실제로 그는 사람이 마음속에 강하게 믿는 것이 바로, 그 사람의 삶에 반영되어 나타난다는 것을 의미했던 것이라고 나는 생각한다.

이것이 바로 예수가 마음을 항상 선하게 가지라고 말했던 이유인 것이다. 이는 또한 자신이 기도하는 바가 삶에 나타날 것이므로 기도할 때는 이를 유념하라는 말이다.

예수와 얼 나이팅게일뿐만 아니라 나의 또 다른 정신적 지도자인 데니스 웨이틀리도 이러한 뜻의 "마음에 품은 생각이 현실에 반영된다."라는 말을 했다. 이들의 이야기와 똑같은 이야기를 표현만 달리 했을뿐, 학식있는 많은 사람들과 위대한 인물들은 이와 같은 뜻의 이야기를 종종 하곤한다.

목표를 설정하면 그것은 우리의 생각에서 두드러지는 위치를 차지하게 된다. 그런 다음 그 목표는 우리의 삶에서 현실적으로 그 모습을 드러내게 되는 것이다. 이는 마치 법칙과도 같다. 인간이 만들어 낸 법칙이 아니라 적어도 내 생각에는 신이 만들어 낸 법칙이다.

'커다란 믿음과 생각은 삶으로 나타난다. 최선의 생각과 신념을 품어서 우리가 될 수 있는 최선의 사람이 되는 연습을 시작하자. 이것이 우리가 할 일이며 바로 우리의 인생 목표이다.'

◇ 당신은 아마 스스로에게 이렇게 질문할 것이다.
'성공하기 위해서는 정말로 목표를 세워야 하는 것일까?'
'목표를 세워야만 이런 이상적인 생각들이 내 삶에 현실로 나타나는 것일까?' 대답은 '그렇다'이다.

※ 목표설정의 이점
'진정 목표설정에는 이점이 존재하는가? 그리고 나의 목표들을 달성하기 위해 나 자신에게 동기를 부여해 줄 수 있는 그 이점이라는 것은 과연 무엇인가?'

목표를 세우면 더욱 나은 자신의 자화상을 가질 수 있으므로 목표설정에는 정말로 이점이 존재한다. 자신이 앞으로 밀고 나아가야 할 어떠한 일이 있을 때, 우리는 그것에 더욱 큰 무게를 싣게 된다. 당신은 더 이상 삶의 주변부에 서있는 것이 아니다. 성취해야 할 목표를 가졌으며 그 과정에서 당신의 자화상은 크게 발전된 모습을 보이게 된다.

'목표를 세우면 자신의 현재를 향상시킬 수 있으며 나아가 미래를 위해 계속적으로 발전해 나갈 수 있다. 목표설정은 자신감을 불러일으키며 우리가 더욱 강인한 인간으로 변모할 수 있는 계기가 된다.'

목표를 세움으로써 당신은 좌절감의 정도도 낮출 수 있다. 살아가면서 우리는 여러 차례 크고 작은 문제들에 부딪히게 되고 성공으로 향하는 길에서 벗어나기도 한다. 그러나 목표를 세워두면 이러한 문제들을 헤쳐 나아갈 수가 있다. 삶의 뚜렷한 행로와 전체적인 모습 그리고 방향을 가질 수가 있기 때문이다.

앞서 말한 것을 다시 한 번 더 언급한다면 바로 '당신은 당신의 자화상보다 앞서 나아갈 수는 없다' 라는 것이다.

인생의 과정에서 생겨나는 사소한 걸림돌들은 이런 목표들로 인해 거의 문제시되지 않는 일로 받아들여질 수 있게 된다. 즉, 목표로써 설정된 더 크고 중요한 어떤 것을 지니고 있는 것이므로 이러한 걸림돌 쯤은 가벼이 여길 수가 있다는 것이다.

☞ Tip 2

························································

### 목표설정은 원하는 바를 구체화 시켜주고 행동을 취하게 하여 삶에서 현실화 될 수 있게 한다

························································

목표설정은 당신이 인생에서 진실로 원하는 바를 구체화 시켜 줄 수 있다. 대부분의 사람들은 다소 불안정한 태도로 각자의 삶을 살아가고 있으며 이따금 자신이 원하는 결과를 왜 얻어 낼 수 없는가에 대해 의문을 품기도 한다.

하지만 목표를 세우게 되면 살아가면서 실현하고 싶은 일들을 구상하고 구체화 시킬 수 있다. 이렇게 되면 어디쯤에서 행동을 취하고 무엇에 힘을 쏟을 것인지 알 수 있게 된다.

즉, 목표를 구현화 시킴으로써 행동을 취하게 되고 행동을 취함으로써 우리가 실현하고자 하는 일들이 실제로 삶에서 모습을 드러내게 되는 것이다.

목표설정을 하려면 우선순위를 세워야 한다. 우선순위를 정해 두면 품은 목표에 적절한 방향이 주어지며 더욱 구체적이고 상세한 생각을 가지게 된다. 이것이 바로 목표설정의 커다란 이점들 중 하나이다.

목표가 설정되면 그것은 더 이상 꿈이 아니며 희망사항이 아니다. 그것은 바로 당신이 원하는 것이며 당신이 인생에서 성취하고자 하는 것이 된다.

목표설정이 가지는 또 하나의 이점은 결정을 더욱 확실하게 내리는데 필요한 기준이 된다는 점이다. 목표설정은 무엇이 중요한 것이고 그렇지 않은 것인가를 명확하게 해 준다.

'이렇게 목표설정은 당신의 삶을 향상시키는데 장애가 될 불안정한 요소들을 제거 할 수 있게 해준다. 또한 현실을 올바로 제시하며 희망사항이 아닌 확실성을 제공해준다. 즉, 이제는 노력하고 힘써야 할 구체적인 무엇인가가 우리 앞에 있는 것이다.'

우리가 순간적인 충동에 따라 결정을 내리게 되는 사례는 너무나도 흔하다. 집이나 차를 살 때도 먼 장래를 생각하기 보다는 순간적인 판단에 의지하곤 한다. 그러나 목표를 세워 두면 삶이라는 여정에서 우리는 즉흥적인 행동보다는 미래를 내다보는 행동을 하게 된다.

☞ Tip 3

........................................................

**목표설정은 성공적인 인생을 위한 핵심요소로
삶의 큰 의욕을 갖게 한다.**

........................................................

그리고 마지막이지만 반드시 짚고 넘어가야 할 중요한 사실은 인간은 자신이 열렬히 추구하는 대상, 즉 직업이나 임무, 그리고 목표가 있을 때에 가장 큰 의욕을 가지게 된다는 것이다.

사람들이 기대하고 바라는 것이 없는 상태에서 의욕을 가진다는 것은 무척 힘든 일이다.

인간은 목표를 쫓는 존재이며 목적없이 표류하지 않기 위해선 열심히 추구할 그 무엇인가가 필요한 존재이다. 그래서 성공한 사람들은 목표 설정이야말로 성공한 인생들의 핵심요소라고 말한다. 그렇다면 대부분의 사람들이 이를 따르지 못하는 이유는 무엇일까? 나는 이에 대한 몇 가지 그럴 만한 이유를 발견하였다. 내가 찾아낸 이유들이 당신의 경우에 어느 정도 해당되는지를 체크해보라.

1) 목표를 세우면 사람들은 자기 자신과 타인에 대해서 책임을 지
   게 된다.

대부분의 사람들은 책임을 느끼거나 성공하기 위해 스스로에
게 압력을 가하는 것을 원치 않는다. 다들 자연스럽게 따라오는
일에 대처하는 정도에 만족하고 있는 것이다.

사람들은 자신의 삶에서 원하는 것이 무엇인가에 근거해서라
기보다는 얼마나 많은 돈을 벌 수 있는가에 기준을 두고 직업을
선택한다.

이 세상 대다수의 사람들이 자신의 일을 얼마나 즐기며 사는
가에는 염두를 두지 않고 수입의 규모에만 집착한다는 사실은
참으로 비참한 일이다.


2) 사람들은 삶의 한 순간에서 중요하게 여겨지는 어떤 것을 포기
   해야 할지도 모른다는 사실을 두려워한다.

다시 말해서 목표를 세우면 그것을 이루어 내기 위한 계획을
세워야하고 그러한 계획을 실행 시키는 과정에서 지금까지 행해
오던 무엇인가를 포기해야 한다는 것이다.

그렇게 되면 사람들은 생각한다. '그래, 난 이 목표를 달성해
내야만해. 하지만 그러려면 텔레비전을 보거나 야구경기를 구경

하러 가는 따위의 일들은 포기할 수밖에 없겠구나.'

이렇게 사람들은 일반적으로 자신들의 궁극적인 행복보다 훨씬 중요하지 않은 사소한 것일 지라도 그것들을 단념하는 데에 주저하는 경향이 있다.


3) 사람들이 목표를 세우지 않는 세 번째 이유는 실제로 목표를 성취하기 위한 계획이 없기 때문이다.

내가 보기에는 사람들이 스스로 설정한 목표를 어떻게 달성할 것인가에 대한 구체적인 생각을 가지고 있지 않기 때문에 목표 성취를 위한 첫 걸음을 내딛기 힘들어하는 것 같다. 그리하여 대부분의 경우 이상적인 생각이나 희망사항을 가지고 있는 정도에 머물러 있게 된다.

사람들은 대부분 어떤 목표를 가지고 싶어하지만 그것을 실현시킬 방도를 모른다고 말하며 목표를 달성하기 위한 계획을 세우지 못하므로 자기 자신에 대한 도전과 시험을 해 볼 수가 없는 것이다.


4) 사람들은 실패로부터 올 냉소와 수치심을 두려워한다.

목표를 추구하기 위한 자신의 노력이 성과를 거두지 못할 경우 타인들로부터 받을 조소와 자신에 대한 수치심을 겁내고 있는 것이다. 이 점에 대해 잠깐 생각해 보자. 우리는 스스로에게 이렇게 말한다.

"내가 이 목표를 정말 세워야 할지 모르겠어. 실패하면 다른 사람들이 나를 어떻게 볼까? 그리고 나 자신도 나를 혐오하게 될 거야." 그렇지만 아예 도전을 해보지 않는 것보다는 아주 조그마한 부분이라도 성취를 맛보는 것이 훨씬 바람직할 것이다.

5) 목표를 이루기 위한 계획을 실행함에 있어서 사람들은 자기 생활의 어떤 일부분을 포기해야 하는 것을 원치 않으며 그런 사실을 받아들이려 하지도 않는다. 또 한편으로는 주변의 몇몇 사람들 특히 가족이나 개인적인 친분이 있는 사람들이 그러한 계획을 그리 달가워하지 않을 것이라고 생각하기도 한다.

사람들은 다른 활동을 하면서 타인들과 가졌던 이전의 계획들에 대해 다소간의 항상성을 유지해야 한다고 느낀다. 주위 사람들 주로 가족들을 실망시키지 않을까, 걱정도 될 것이다.

내가 보기에는 이러한 것들이, 많은 사람들이 목표를 세우지 못하는 가장 큰 이유인 것 같다. 사람들은 다른 이들이 자신들의 삶을 좌지우지하도록 그냥 내 버려두는 것이다.

6) 어떤 선택을 할 때 과감한 결정을 요한다.

차분하게 앉아서 자신이 인생에서 성취할 것이 무엇인가에 대한 생각을 해야 한다. 사람들은 이것이 자신과 자신의 미래에 발전을 가져오기 위해 아주 중요한 것이라고 믿으면서도 이러한 결정이나 다짐을 하는 데에 아주 어려움을 느낀다.

'결정을 내리지 못하면 결정을 내릴 것인가 말 것인가의 문제 자체가 하나의 결정대상이 되어 버려 아무것도 할 수 없는 상황이 된다.' 이 점은 꼭 한번 되짚어 보아야 할 중요한 문제다.

7) 사람들은 자신에게 최상의 것이 무엇인가를 다른 사람이 결정하도록 내버려두고 있다.

우리는 어디에서 살고 어디에서 일하며 어떤 옷과 차를 사고 어떻게 생긴 집에서 사는 가 등을 결정하면서 다른 사람들의 의견을 그대로 받아들이곤 한다. 즉 타인들이 우리의 인생을 대신 살도록 하고 있는 것이다.

비록 타인들의 생각이나 제안들이라는 것이 가족이나 자신이 사랑하는 이들에 의해 주어지는 것이라고 할지라도 결국은 그들이 가장 중요한 것을 결정하도록 내버려두는 셈이 된다. 즉, 목표를 세우려고 결정을 내릴 필요가 없어지게 되는 것이다.

8) 자신에게 진실하지 않으면 목표를 이룰 수 없다.

차후에 있을 수 있는 실패에 대하여 변명이나 구실을 만들지 말아야 한다. 가만히 앉아서 '그래, 내겐 이런 꿈이 있어. 그걸 이룰 수 있을 거야. 나에 대한 불신을 버리고 노력만 한다면 성취할 수 있을 거야. 내 가족 중 어느 누구도 이것을 해 낸 사람은 없어' 라고 말하지만 말고 자신에게 먼저 솔직해져야 한다. 자신에게 진실 되지 않으면 결코 성공을 이룰 수 없다.


9) 사람들이 목표를 설정하지 못하는 이유는 목표를 세우려면 우선 순위를 정해야 하기 때문이다.

대체로 우리는 아침에 일어나서 늘 그랬던 것처럼 그날 할 일들을 그저 해 나간다. 하지만 설정된 목표를 달성하려면 계획을 세워야 하고 생활 속에서 우선시 되는 사항들을 골라내야 한다. 무엇이 정말로 중요한 것인가를 알아야 하는 것이다.

목표를 이뤄내는데 있어서 가장 주가 되는 기준이 있다면 그것은 바로 그 목표가 자신에게 얼마만큼 중요한가 하는 점일 것이다. 자신에게 중요한 목표가 아니라면 성취하려 하지도 않을 것이다.

따라서 여러 가지 할 일 중에서 우선성을 찾아내야 하며 인생의 다음 네 가지 면에서 이루고자 하는 그 무엇에 대해 열렬한 소망을 가져야 한다. 그 것은 직업, 가족, 정신적 믿음. 그리고 신체의 건강이다. 우선시되는 사항들은 반드시 이 네 가지 범주 안에서 세워져야 한다.

목표를 세우면 그것이 가능해 진다. 즉, 목표를 설정해 두면 억지라도 자아개발과 미래의 성공을 위해 중요한 요소들의 우선순위를 정하는 작업을 시작하게 되는 것이다.

10) 사람들은 자신이 포기하지 않고 끝까지 해낼 수 있다는 사실을 믿지 못한다.

난관에 부딪히게 되는 그 순간 자신이 포기하게 될 것이라고 또는 실패자가 될 것이라고 믿어 버리는 것이다. 대부분의 사람들이 목표를 설정하고 그것을 성취할 때까지 초지일관(初志一貫) 할 수 있는 지구력이 부족하기 때문이다.

사람들은 흔히 '지난주 일요일에 목표를 세워보려고 했는데 잘 안되더군요.' 라고 말들을 한다. 우리는 먼저 목표를 설정한 다음 그에 따른 계획을 세워야 하고 그런 후에 그 계획을 실행으로 옮겨야 한다.

대개의 경우 이처럼 끝까지 추진해 나갈 능력들이 결여되어 있기도 하지만 실상 더 염려해야 할 점은 많은 사람들이 스스로 그런 능력을 가지고 있다고 믿지 않는 것이다.

이제는 왜! 대부분의 사람들이 목표를 설정하지 않는지를 알았으므로 각자 자기 자신에게 해당되는 사항이 있는지 스스로 숙고해 보기를 바란다. 해당 사항이 있다면 이제는 어디서부터 시작해야 할 것인지를 알 수 있을 것이다.

당신이 해야 할 일은 혼자 조용히 앉아서 편안한 마음을 가진 후에 몇 글자 적어 보는 것이다. 자신의 삶에서 원하는 바를 적어보라. 적는 과정에서 그러한 희망사항들을 평가하려 들거나 정당화하려 하지는 마라.

그런 다음에 당신의 인생에서 반드시 고려되어야 할 네 가지 부분이 있다는 것을 기억하는 것이 아주 중요하다. 직업, 가족, 정신적 성장 그리고 육체적 건강이 그것들이다.(대부분의 경우 우리는 집이나 자가용 따위를 자신보다 더 소중히 여기는 경향이 있다. 하지만 스스로의 건강을 지키는 법을 배워야 한다.)

'이제는 자신의 목표들을 적어 내려가면서 정말로 성취하기 원했던 바를 구체적으로 분명하게 해 두어야 한다. 목표들마다 원하는 정도의 차등이 있다면 그것들을 순서대로 적어 내려가고 얼마만큼의 돈을 벌고 싶다라는 바램이 있다면 금액을 분명히 하여 명기하여야 한다.'

예를 들어 어느 해 1월 1일 까지를 종료일로 했을 때 1년에 5만 불을 벌겠다라든지 10만 불을 벌겠다라든지 또는 그 액수가 얼마이든 상관은 없다. 그대로 적어 보는 것이다.

단, 구체적으로 적어야 한다. 당신이 그 목표를 달성할 수가 있는지 또는 그러한 능력과 자질을 가지고 있는지 등은 생각할 필요가 없다. 그냥 일, 가족, 정신적 믿음 그리고 신체적 건강의 테두리 안에서 이루고 싶은 바를 적으면 되는 것이다.

분명한 것은 네 가지의 중요성을 인정하고 그 속에서 자신을 발전시켜 나아가야 한다는 점이다.

이중 신체적 건강이 중요한 이유는 이러한 과정을 헤쳐 나아갈 주체가 바로 당신의 몸이기 때문이다. 몸무게를 줄여야겠다는 생각이 있으면 '몇 월 며칠까지 10킬로그램을 줄이겠다.' 혹은 '더 나은 몸매를 만들어야겠다. 바른 식습관을 가져야겠다.' 라는 식으로 그렇게 적으면 되는 것이다.

한 장의 종이에 자신이 원하는 모든 것을 써 보아라. 그리고 그것들이 바로 자신의 목표라는 것을 기억해야 한다. 비록 아주 가까운 사람일지라도 다른 사람에게 기대려고 해서는 안 된다. 이는 다름 아닌 당신 자신의 목표이기 때문이다.

'목표는 당신의 인생에서 원하는 바를 다른 사람이 아닌 당신이 직접 적는다는 것임을 명심해야 한다. 다른 이들과 상의할 이유도 없다. 단지 성취하고자 하는 바들을 순서대로 밟아 나간다는 것을 기억해야 한다. 그것은 진보를 위한 바램이며 후에 당신이 이루어 낼 발전이다.'

목표는 자신과의 약속이 아니라 자신에 대한 정성이고 전념이다. 그리고 희망사항이나 꿈도 아니며 당신의 인생에서 실현하고자 하는 그 무엇에 대한 비전이다. 이 모든 과정이 끝나면 몸을 편안히 뒤로 젖히고 숨을 내쉬어 본다. 자신에게 축하를 보내는 것이다. 왜냐하면 당신은 이미 세상 사람들의 96퍼센트가 하지 못한 일을 해냈기 때문이다. 사람들은 인생에 대해 심각하게 생각하고 있지 않으며 또한 그러한 생각에 따라 삶을 살아가고 있다. 목표를 글로 적어보는 사람은 거의 없다. 당신은 이제 삶의 목표를 실제로 적어 본 4퍼센트 사람들 중 하나인 셈이다.

........................................................

목표를 세울때는 우선순위를 정하여
단기, 중기, 장기로 나누어서 구체적으로 세워라.

........................................................

목표를 다 적었으면 그것들의 우선순위를 정해 보라. 그 중 몇
몇은 아주 중요한 목표일 것이며 단기, 중기, 장기적 목표들도
있을 것이다. 중요한 순서대로 목표의 우선순위를 정해보아라.

많은 사람들이 이것을 실행하지 않고 자신들이 바라는 성공을
왜, 이루지 못하는지 알지 못하고 있지만 당신은 이 일을 해낸
것이다. 따라서 응당히 자축할 자격이 있다. 박수를 받고도 충분
히 남을 일이다.

목표들의 우선순위를 다 정하였다면 분명 다음 네 가지의 목
록을 가지게 되었을 것이다. 즉, 자신의 일, 가족, 정신 그리고
신체에 대한 목록들이다. 하지만 이렇게 목록만 작성하는 것으
로 모든 것이 확실해지는 것은 아니다. 목표를 달성할 계획이 있
어야 한다.

예를 들어서 당신이 속한 조직 내에서 한 단계 높은 위치에 오
르기를 원한다고 해보자. 거기에 도달하기 위해서 필요한 것은

무엇인가, 그리고 더 중요한 문제인 그 목적을 달성하기 위해 스스로 향상시켜야 할 점들은 무엇인가?

우선 목표를 긍정적인 태도로 적어 나가야 한다. 즉, '나는 2020년 1월까지 어떠한 위치에 앉을 것이다' 라는 식으로 쓰는 것이다.


'목표에 도달하기 위해서는 정확한 목표와 기한을 분명히 해두어야 한다. 또한 목표 성취의 노력을 시작하는 날짜를 정하는 것도 아주 중요하다. 그리고 나면 이제는 목표를 이뤄 나아가는 데에 장애가 되는 것들을 하나 둘 적어 보아야 한다.'


당신이 도달하고자 하는 위치는 어디인가? 여기서 만큼은 지극히 솔직해져야 한다. 자신을 속이려 들어서는 안 된다. '지적된 문제는 이미 반쯤 해결된 것이다.' 라는 말을 기억하라.

이제 목표성취를 어렵게 하는 목록을 만들어보자. 여기 몇 가지 그 예가 있다.


(1) 전화상으로 약속을 잘 받아 내지 못한다. (부끄러워하고 당황해 한다. 등)

⑵ 계획 발표에 미숙하다. (비즈니스 계획에 대한 지식 부족, 도
표 작성 미숙 등)

⑶ 항상 시간에 쫓긴다.(미루기, 일의 우선순위 혼동 등)

⑷ 예상회원들과 이야기 할 때면 늘 긴장하는 듯 보인다. (매끄러
운 대화 및 진행 능력 부족, 시선처리 부족 등)

⑸ 예상회원들의 질문에 제대로 답해 주지 못한다.(적절한 정보
획득을 위한 제품 설명회나 세미나 등에 꾸준히 참석하지
못했다.)

⑹ 제품에 대해서 잘 모르고 있다.(제품을 더 잘 알기 위해 충분
한 시간을 투자하지 못했다.)


이상은 목표달성 과정에서 장애물이 될 수 있는 몇 가지 예에
지나지 않는다. 따라서 당신이 안고 있는 문제는 이것과 전혀 다
른 것일 수도 있다. 하지만 중요한 것은 그것이 무엇이든 간에
지면 위에 써보고 인식하여야 한다는 점이다.

혹 자신의 문제점을 스스로 발견하기가 힘들다면 업라인과
스폰서에게 도움을 요청하고 겸허한 자세로 그들이 지적해 주는
자신의 취약점을 받아 들여야 한다.

이렇게 고쳐 나아가야 할 점들을 적어 봄으로써 이제 당신은

당신의 문제들을 해결하기 위해 어디서 어떻게 시작해야 하는지를 알게 되는 것이다.

다시 한번 강조하는데 어떠한 문제가 인식이 되었다면 그것은 이미 반쯤은 해결된 문제이다. 그렇다면 이제는 자신의 취약점을 고쳐나가기 위한 계획을 세워 보아라.

(1) 앉아서 전화로 약속을 하는 데에 필요한 대화내용을 적어 본다. 그리고 적어 놓은 대로 연습을 한다. 차분한 태도로 분명하고 요령 있게 말하는 법을 배운다. 대화내용이 너무 길어지지 않도록 작성하고 당신이 아주 중요하고 새로운 정보를 상대에게 줄 수 있음을 기억한다.

(2) 자신의 사업계획에 대한 지식을 갖춘다. 속속들이 철저하게 알아둔다. 있을 법한 질의사항들을 미리 생각해 두고 그에 대한 답변들을 준비한다. 준비를 완벽하게 하여 자신의 발표가 매끄럽고 간명한 것이 되도록 한다. 가족들이나 카메라 앞에서 연습하고 필요한 부분은 수정, 보완하도록 한다.

(3) 만일 당신의 문제가 시간 부족이라면 이 책의 '시간관리와 자기관리' 장을 펼쳐보라. 성공을 위한 시간이 항상 충분한 것은 아님을 기억하라.

(4) 사람들을 대하는 기술이 부족하다면 이 책의 '일치와 의사소통'에 관한 장을 참고하여 관련된 테크닉을 습득하라.

(5) 자신이 속해 있는 조직의 모든 활동에 관여하고 회의에 참석한다. 그렇게 함으로써 조직에 대한 상당한 지식과 정보를 얻게 될 것이고 자신의 목표를 성취해 내는 데 필요한 동기를 계속 유발시킬 수 있을 것이다.

(6) 제품에 대한 지식의 부족은 쉽게 보완할 수 있다. 제품이 마치 자신의 한 부분인 것처럼 느껴질 때까지 연구 체험하고 속속들이 알아본다. 제품과 관련된 모든 행사에 참여한다면 곧 자신감을 가지게 될 것이다.


이제 잘못된 점은 바로 잡을 계획을 세웠으므로 자신의 취약점을 고쳐나갈 준비를 하는 것이 어렵지는 않을 것이다. 그 과정에서 다소간의 장애와 문제에 부딪칠 수도 있다는 것을 명심하는 것이 아주 중요하다. 어떠한 문제에 직면한다는 것은 차라리 정상적인 것이다.

그러므로 절대 포기해서는 안 된다. 잠깐 멈춰 서서 현재 사태를 직시하고서 시의적절(時宜適切)한 조정을 한 다음, 계속해서 나아가야 한다. 이것이 쉬운 일이라면 모든 사람이 이를 실천할 수 있었을 것이다. 그러니 기억하라. 패자들이 하지 않을 일들을 승자들은 한다는 사실을!…

목표에 조금씩 다가가는 과정에서 당신은 자축하기도 하는가? 어떤 경우이든 스스로 축하할 만한 일이면 배우자와 함께 외식을 한다든지 멋진 새 옷이나 차를 구입한다든지 하여 스스로에게 보상하라. 당신의 성취를 인식하고 다음 목표로 나아갈 힘을 얻는 것은 중요한 일이다.

우리는 우리가 될 수 있는 최상의 상태를 유지하기 위해서 꾸준히 노력해야 함을 기억하라. 나는 신이 인간을 창조하셨을 때 우리가 필요로 하는 모든 것을 주셨다고 생각한다.

그러나 신이 바라는 행복과 여유를 우리가 누리고자 한다면 그 모든 것을 개발하고 발전시키는 것은 우리의 몫이다. 일일이 우리를 찾아오셔서 필요한 것이 무엇인지 살피는 일은 신께서 하실 일이 아니다.

그 분은 자신이 해야 할 일을 완수하였고 이제 우리가 최상의 인간이 될 수 있는가 하는 것은 전적으로 우리에게 달려 있다. 그럴 수 있을 때에 성공과 신의 충만이 우리의 것이 될 것이다.

이 장에 있는 모든 내용들을 받아들이고 보완해서 자신이 성취해 낸 것들을 다시 한번 살펴보자.


(1) 당신은 이제 목표설정의 중요성을 알게 되었다. 목표가 없이는 후에 어떠한 상황에 처하게 될는지, 그리고 무엇을 성취할 수 있는지를 알 수 없다.

(2) 대부분의 사람들이 왜 이러한 일을 실행에 옮기지 않는지를 살펴보았으므로 당신 자신에게 해당하는 이유를 발견할 수 있을 것이다.

(3) 이제 당신의 목표를 인식하고 적어보기 위해 필요한 실현성 있는 계획이나 청사진이 마련되었을 것이다. 또한 중요한 사실은 당신이 진심으로 바라는 성공과 행복을 위하여 고려해야 할 네 가지를 알게 되었다는 것이다.

(4) 무엇이 당신의 목표 성취에 방해 요인인지를 알게 되었고 그러한 자신의 문제점을 수정할 수 있는 방법도 이제는 알고 있다.

(5) 또한 목표가 달성된 후에는 스스로를 축하하는 일이 중요하다는 것을 알게 되었다.

이제 당신은 자신의 성공을 얻을 수 있을 뿐만 아니라, 다른 사람으로 하여금 그들이 바라는 모습의 조직을 만들어 낼 수 있도록 동기를 부여할 수 있는 사람이 되었다.

하지만, 아직 이장의 내용을 모두 끝낸 것은 아니다. 얼 나이팅게일의 테이프 '가장 이상한 비밀'을 통해서 내가 배운 것을 당신도 한번 해 보았으면 좋겠다. 아래의 목표 카드를 보아라.

| 〈앞면〉 | 〈뒷면〉 |
|---|---|
| 나의 목표는<br>나는      한  사업가이다.<br>날짜:<br>서명:<br>믿음* 신뢰* 사랑* | "구하라, 그러면 얻을 것이다"<br>"찾으라, 그러면 발견할 것이다."<br>"두드리라, 그러면 열릴 것이다." |

이런 카드를 컴퓨터로 4장을 작성한다. 우리가 앞서 이 장에서 논의한 네 가지 부분을 위해서이다. 각각의 카드에 일 순위의 목표를 적고 날짜를 기입하고 서명을 한다.

얼 나이팅게일이 자신의 테이프에서 얘기했던 것처럼 그리고 내가 이 책에서 강력하게 제안했던 것처럼 이 카드는 항상 지니고 다녀야 한다. 매일 수시로 그리고 잠자리에 들기 전에 자신의 카드를 읽고 생각해 본다.

이렇게 함으로써 당신의 목표는 마음속 깊이 아로새겨지게 되고 여러 가지 생각들 중에서도 지배적인 생각이 될 것이며 곧, 명확한 현실로 드러나게 될 것이다. 이것은 법칙이다!

# 7장 태도와 집중력

"

사람들 간에는 아주 작은 차이가 있다.
그러나 그 작은 차이가 큰 차이를 낳는다.
작은 차이는 태도이고
큰 차이는 긍정이냐 부정이냐이다.

"

클레멘트 스톤

# 7장  태도와 집중력

내 스승 중의 한 분이신 데니스 웨이틀리 박사는 그의 훌륭한 저서들과 강연회에서 성공을 위한 필수적인 요소가 태도라고 말씀하셨다. 나는 전적으로 그 말에 동의하며 그 생각이 옳다고 믿는다. 비록 이 책에서 다른 요소들이 성공의 구성요인으로 언급되더라도 태도는 가장 중요한 요소임에 틀림없다.

내 자신을 예로 들어보겠다. 나는 텍사스 주(州) 달라스에 있는 화학제품 제조공장의 총책임자였다.

그 회사의 회장은 내게, 내 자신이 성공적으로 판로를 개척해 놓았던 미시간 주를 떠나 텍사스주로 가서 계열사 공장을 설립하여 세제류를 생산 판매하라고 지시하였다.

내 새로운 임무에는 생산업무와 시장개척 그리고 생산품 판매까지가 포함되어 있었다.

이는 큰 기회인 동시에 도전이기도 했다. 생산직 근로자를 채용하고 훈련시키는 일에는 전혀 경험이 없었기 때문이다.

나는 유능한 판매원을 식별할 수는 있었으나 능력 있는 생산직 사원을 뽑는 일에는 자신이 없었다(그들 두 직종의 사원들이 얼마나 유사한지를 당시에는 전혀 알지 못했다).

그러나 곧 이전에 유망한 판매직 사원에서 볼 수 있었던 성격적 특성, 가치관, 근무 내력 그리고 무엇보다도 일에 대한 자세를 찾아내면 된다는 사실을 알게 되었다.

나는 늘 다른 무엇보다도 사람들의 이런 특성들을 찾아내고자 했다. 만약 지원자가 훌륭한 태도를 지니고 있다면 그들에게는 공장업무에 관해 무엇이든지 가르칠 수 있었다.

지원자들의 경력에 관해서는 거의 관심을 갖지 않았다. 왜냐하면 바꾸어야 하는 나쁜 습관들로 이루어진 경험이라면 사실 오히려 해가 되기 때문이다. 그것만으로도 하나의 문제거리가 되는 것이다. 그래서 나는 새로운 사원을 채용할 때는 그의 태도를 최우선의 자격요건으로 삼게 되었다.

내 방식은 해를 거듭함에 따라 옳다는 것이 증명되었고 텍사스 공장은 우리 회사의 다른 공장들에 비해 가장 경쟁력이 있고 효율적이며 일하기 즐거운 장소가 되었다. 전 사원들의 태도가 이것을 가능케 하였다.

......................................................................

부정적인 기분과 비성공적인 자세를
최대한 빨리 긍정적인 자세로 대체하라.

......................................................................

한 사람의 태도가 그의 성공에 얼마나 중요한 역할을 하는지
또 하나의 실례를 회장이 나에게 제시해 주었다.

레오나드 L. 메드닉 회장은 내가 존경하고 감탄하며 기꺼이
그를 위해 일할 수 있는 그런 사람이었다.

어느 날 저녁 식사를 함께 하면서 그가 회장이 되기 전에 전국
판매책임자로서 판매직 사원들에게 해주었던 충고를 나에게 들
려주었다.

그가 말하기를 어느 날 첫 판촉전화를 건 후 그 결과가 좋든
나쁘든 판매가 성사되었든 되지 않았든 상관없이 곧 망설이지
말고 다음 판촉전화를 하라고 사원들에게 충고하였다고 한다.
그는 그 이유를 나에게 설명해 주었는데 이는 나에게 결코 잊을
수 없는 가치 있는 정보가 되었다.

L.메드닉 회장의 설명에 따르면 만약에 첫 번째 판촉 전화가
성공적이어서 주문을 받게 되면 기분이 최고조에 달하게 되고
따라서 최상급의 태도를 유지하게 된다고 한다.

그렇기 때문에 계속해서 두 번째 판촉전화를 재빨리 한다면 그 훌륭한 태도로 인해, 마찬가지로 좋은 아니 그보다 더 좋은 결과를 얻게 된다는 것이다.

그러나, 만약에 첫 번째 판촉 전화가 실패로 끝난다면 어떻게 해야 하나? 이 또한 곧 바로, 두 번째 판촉 전화를 해야된다는 것이다. 왜냐하면 당신의 부정적인 기분과 비성공적인 자세를 가능한 한 빨리 긍정적인 자세로 대체해야 하기 때문이다.

만약, 즉시 행동하지 않으면 결코 부정적인 결과들을 바꿀 수 없을지도 모른다. 그러니 곧 바로 돌아가 또 다른 판촉 전화를 하라는 것이다.

우리는 말에서 떨어지면 곧 바로 다시 안장에 올라타라는 이야기를 들어왔다. 첫 번째 떨어진 경험으로 인해 두 번째 시도가 중단되어서는 안 된다는 얘기다. 지체하면 두려움에 대한 부정적인 마음에서 다시는 말에 올라타지 못할지도 모른다.

아이가 걷는 연습을 하다가 넘어질 때, 어떤 부모들은 아이가 다시 일어나 시도하는 것을 막는 경우가 있다. 이런 경우도 마찬가지의 결과를 얻게 된다. 대부분의 부모들은 비록 처음에는 아이가 넘어져서 조금은 상처가 날지라도 계속해서 다시 일어나 시도하도록 용기를 준다.

....................................................................

자신의 태도를 조절하는 능력을 키우고
긍정적인 사고와 행동으로 도전하고 또 도전하라.

....................................................................

당신이 자신의 일을 시작할 때에도 마찬가지다. 만약 첫 번째 시도에서 혹은 다섯 번째 시도에서 아니면 백 번째 시도에서 거절당하거나 실패하더라도 다시 자신을 추스르고 나가서 자신의 계획을 제시하고 또 다시 도전하라. 이 과정에서 중요한 점은 부정적인 사고나 행동을 긍정적인 것으로 대체하는 것이다. 자신의 태도를 조절하는 법을 배워라.

다음 이야기로 넘어가기 전에 기억해야 할 태도에 대한 마지막 핵심은 이것이다.


'당신의 태도가 당신의 행동을 좌우하고 덧붙이자면 당신의 행동이 결과를 좌우한다. 이렇게 태도가 당신의 사업에 커다란 영향을 미치게 된다.'


재닛과 나는 최근 어느 주말에 나의 이러한 지론을 잘 증명해 주는 일을 우연히 겪게 되었다.

우리는 뒤늦게야 텍사스 제퍼슨 마을에서 주말을 보내기로 결정했다. 그곳은 오래된 역사적인 마을로 그 마을의 역사와 집들은 원래 상태로 잘 복원되어 보존되고 있었기 때문에 우리는 그곳을 즐겨 찾곤 하였다.

아름답고 평화로운 곳으로 골동품 가게들을 구경하거나 멋진 식당에서 점심이나 저녁 식사를 즐기고 고풍스럽고 아름다운 극장에서 공연을 즐기면서 시간을 보내기에 좋은 장소였다.

여행을 뒤늦게 결정했기 때문에 우리는 미처 호텔을 예약하지 못했다. 그러나 예전에 그곳을 자주 여행했던 경험이 있었기 때문에 도착하면 문제없이 숙박시설을 구할거라 생각했다.

제퍼슨에 도착했을 때 우리는 그곳에 아주 훌륭한 서구식 호텔이 두 군데 있었음을 기억하고 있었다. 한 호텔은 마을 안에 위치해 있었고 다른 호텔은 마을에서 약 20킬로미터쯤 떨어진 곳에 있었다.

이전에는 마을에서 떨어진 곳에서 숙박을 했었기 때문에 이번에는 마을 안에서 숙박을 하기로 결정했다.

마을 안에 위치한 호텔 로비를 지나서 프론트로 가는 도중에 한 중년 부인이 딱딱한 명령조의 목소리로 '당신들 예약했어요?' 라고 물어왔다.

우리는 예약하지 못했다고 대답하고 우리가 숙박할 수 있게 해주면 고맙겠다고 말했다. 그 여자는 우리와 이야기하는 동안 줄곧 읽고 있던 신문에서 고개를 들지 않았다.

마침내, 한참을 지나서야 우리에게 흡연자용 객실(우리가 비흡연자용 객실을 원했는데도 불구하고)을 줄 수 있다고 말했다. 재닛과 나는 서로를 쳐다본 후 먼저 객실을 살펴보고 결정해도 되는지 공손히 물었다.

왜냐하면, 어떤 흡연자용 객실은 냄새 때문에 견딜 수 없는 고통이 따르는 반면, 그리 나쁘지 않은 객실도 있기 때문이다.

그 여자는 우리의 요청에 화가 났는지 얼굴이 붉어져 있었다. 여자는 신문을 보면서 여전히 딱딱한 목소리로 결정하기 전에는 객실을 볼 수 없다고 대답했다.

아쉽지만 우리는 공손히 그 객실을 사양하고 망설임 없이 그곳을 떠났다. 차로 돌아오자마자 재닛은 웃기 시작했다.

재닛은 나를 잘 알고 있었기에 그 부인이 무례하게 말하는 순간 우리가 그 곳에 숙박하지 않을 것이라는 예상을 하고 있었다. 특히 내가 구매자인 경우에는 무례한 사람의 서비스나 상품을 구입하지 않는다는 점을 재닛은 잘 알고 있었다.

그리고 우리는 제퍼슨에서 20킬로미터 떨어져 있는 호텔을 향해 갔다. 그곳에 도착했을 때 젊은 부인이 우리를 상냥하게 맞아 주었고 예약을 하지 않았지만 우리가 묵을 수 있는 좋은 방이 있다고 말해 주었다.

'먼저 객실을 살펴보시겠어요?' 하는 그녀의 말에 재닛과 나는 크게 웃고 말았다. 객실을 살펴볼 필요가 없다고 대답하자, 그녀는 숙박부를 기재하기 시작했다. 그리고 그녀는 우리가 관심을 가질 만한 주말 행사들에 관해 이야기를 해주었다.

'얼마나 비교되는 모습인가!'

'얼마나 훌륭한 태도인가!'

또다시, 기꺼이 만나고 싶은 쾌활한 그녀는 우리가 주말을 즐겁게 보낼 수 있도록 많은 도움을 주었다.

도대체 무엇 때문에 같은 업종에 종사하는 두 여성이 이렇게 상반되는 반응을 불러오는 걸까? 그것은 다름 아닌 그들의 태도 때문이다. 훌륭한 태도를 지니면 훌륭한 삶을 갖게 된다.

어떤 여성이 자신의 삶을 더욱 즐겁고 보람되게 지내는지는 말할 필요도 없을 것이다.

(우리가 묵었던 아름다운 객실은 이전에 거절했던 객실보다 20달러나 낮은 요금이었다)

......

·····················································

태도가 행동을 좌우하고 행동은 결과를 좌우한다.
훌륭한 태도로 훌륭한 삶을 영위하라.

·····················································

불쾌한 혹은 부정적인 태도는 불쾌한 기분을 낳게 하고 불쾌한 기분은 긍정적인 행동에 장애가 됨을 우리는 잘 알고 있다. 지금 언급해야 할 문제는 어떻게 불쾌한 태도나 기분을 긍정적인 것으로 바꿀 수 있는가 하는 점이다.

사람들은 모두 같지 않기 때문에 어떤 사람에게는 적용되는 방법이 다른 사람에게는 적용되지 않을 수도 있다. 나는 당신이 시도해 볼 수 있는 몇 가지 방법들을 제시하고자 한다. 당신에게 가장 적합한 방법을 찾아서 필요할 때마다 이용해 보라.

먼저 해야 할 일은 왜 당신이 그런 기분이나 태도를 갖게 되었는지 알아보는 일이다. 그 원인과 이유를 조사해 보라. 누군가가 당신에게 뭐라고 말했기 때문인가? 무엇인가에 대한 불만인가? 용기가 없고 무엇인가가 두려운가? 무엇 때문이든지 간에 나쁜 태도의 원인과 이유를 1에서 10까지의 수치로 그 중요도를 구분할 수 있을 것이다.

그 다음으로 그 이유의 수치가 낮으면 그것을 무시하라. 왜냐하면 그것이 무엇이든지 전체를 볼 때에는 전혀 중요하지 않기 때문이다. 만약 그 이유의 수치가 높다면 그것을 인정하고 그리고 나서 아래에 기록된 다섯 가지 방법들을 검토해 보고 당신에게 적용될 수 있는 방법을 찾아보아라.

**첫째, 무엇이든 해서 육체를 활발히 움직이도록 하라.**

그것이 무엇이든 관계없다. 옷장을 정리하거나 화장실 청소를 하거나 차고에 있는 물건들을 정리하거나 신발장을 청소하거나 그것이 아니면 아무 일이나 해라. 손을 바쁘게 움직이고 마음을 정리하라.

어머니께서 말씀하시곤 했다. '게으른 손은 악마의 일터다.' 라고… 고맙습니다, 어머니.

**둘째, 자신과 신 앞에서 침잠하라.**

명상의 시간이나 고요의 시간은 수세기 동안 인류에게 재충전의 기회가 되어 왔다. 조용한 방에 혼자 있어 보아라. 안락한 의자에 편안한 자세로 앉아서 긴장을 풀어라.

아무것도 누구도 생각하지 말아라. 사념을 갖지 말고 문제의

해답을 찾지도 말라. 아무 것도 하지 말고 그냥 가만히 신에게 맡겨라. 그가 해답을 보내 주실 것이다.

셋째, 마음에 드는 의자에 앉아서 좋은 책을 15분에서 30분 정도 읽어라.

동기유발용 책이나 성서와 같이 정신을 고양시키는 책들을 택하라. 좋은 책을 집중해서 읽은 후에 나쁜 생각이나 나쁜 태도를 지닌다는 것은 불가능하다. 늘 주위에 좋은 책을 두어서 아무 때나 쉽게 찾을 수 있게 하라. 막상 필요할 때 좋은 책을 찾아 나선다면 그때는 구하지 못할 것이다.

넷째, 동기를 유발시키거나 정신을 고양시키는 훌륭한 연설 테이프나 CD를 들어보라.

당신이 알고 있고 존경하는 연설가의 연설 테이프나 CD이어야 한다. 연설 내용을 집중해서 듣고 미래에 인용할 수 있도록 몇 가지 메모도 해두어라. 카세트와 CD플레이어, 테이프와 CD, 그리고 메모지와 연필을 준비해 두고 이런 경우를 대비해 쉽게 이용할 수 있도록 하라.

……

다섯째, 주변에 긍정적인 사람을 가까이에 두어라.

삶과 자신의 일에 열정적인 사람들을 주변에 두어라. 기분은 전염되는 것이고 당신은 곧 그들의 성격을 따르게 될 것이다. 그런 사람들은 늘 훌륭한 마음가짐을 유지하고 있다. 그런 사람들과 친교를 맺어라. 이 때문에 사업의 활동영역은 자아개발에도 매우 중요한 것이다.

이제 당신은 자신의 기분이나 태도를 변화시킬 수 있는 다섯 가지 방법들을 알게 되었다. 필요할 때 이 중에 한 가지 방법을 이용해 보라. 때로는 자신의 기분이나 태도를 변화시키기 위해서는 강제로 시행할 필요도 있음을 이해하라.

만약 어느 방법도 당신에게 맞지 않다면 마지막으로 내가 알고 있는 틀림없는 한 가지 해결책을 알려 주겠는데 이는 분명히 좋은 결과를 가져올 것이다. 그것은 다음과 같다.


우리가 목적을 성취하지 못하는 가장 큰 이유 중의 하나가 미루는 버릇 때문이라는 것을 우리는 스스로 잘 알고 있다. 내가 '10분의 기적' 이라고 명명한 방법을 사용해 보라.

당신이 미루어 온 일이 있다면 예를 들어서 전화통화, 발표, 예상되는 고객에 대한 접근시도, 자료연구, 혹은 무슨 이유로든 시작하기가 두려운 일이 있다면 '10분 동안만 이 일에 매달려 보겠다.' 라고 자신에게 다짐해보라.

☞ Tip 4

. . . . . . . . . . . . . . . . . . . . . . . . . . . . . . . . . . . . . . . . . .

힘든 것은 미루고 시작하지 않는 것이다.
시작이라는 장애를 크게 생각하지 마라.

. . . . . . . . . . . . . . . . . . . . . . . . . . . . . . . . . . . . . . . . . .

10분이 지나서 중단하고 싶으면 죄의식 없이 중단할 수 있다. 만약 10분 동안 최선을 다한 후에도 여전히 같은 느낌이라면 그만두어라. 그냥 그만두어라. 하던 일을 중단하고 계속 시도하지 말라. 이제는 중단해도 기분 나쁘게 여길 필요가 없다.

그러나 대부분의 경우에는 당신이 미루어 오던 일이 마침내 완수될 것이다. 그렇다. 완수된다. 왜냐하면 대개 가장 힘든 것은 단지 시작하는 일이며 그 '일' 은 당신이 상상하던 그런 일이 아니어서 두려워 할 이유가 없음이 분명히 드러나기 때문이다.

단지 10분이 지났을 뿐인데도 스스로가 자신감의 문턱을 넘어서게 된다. 10분 동안 그 일에 매달림으로써 당신은 이전에 하지 못했던 그 '일' 을 자신이 할 수 있다는 것을 알게 되었다. 그 일은 상상해 왔던 것과 비교해 보면 아무 것도 아닌 것이다.

여느 어머니들과 마찬가지로 내 어머니께서 곧잘 말씀하시기를 '대부분의 사람들은 사소한 장애를 엄청난 것으로 생각한다.'고 하셨다. 상상 속의 힘든 일도 사소한 것으로 생각하자!

'성공이란 어떤 이들에게 다가오고 어떤 이들에게는 비켜 가는 그런 우연한 일이 아니다. 성공하기 위한 다른 중요한 요소는 집중력이다. 내가 말하는 집중력이란 능력, 결단력, 그리고 정해진 목표를 성취하기 위해 집중할 수 있는 스태미너를 의미한다.'

성공이란 집중력있고 결단력있으며 단련되고 원기왕성한 사람들이 성취해 낸 목표이며 그런 사람들은 자신들의 궁극적인 목표를 향하지 않으면 어떤 결과도 수용하지 않는 사람이다.

그렇다면 왜 어떤 이에게는 성공이 가능하며 또 어떤 이에게는 그렇게 힘든 일인가? 만약 이것이 당신의 문제라면 몇 가지 가능한 이유를 검토해 보자.

다음의 질문을 통해 솔직하고 열린 마음으로 그리고 정직하게 자신을 평가해 보라. 당신의 성공추구에 장애가 되는 원인들을 모두 조명해 보고 그것을 인정하라.

.....

※ 자기평가를 위한 문항

(1) 업무와 계획들을 끝까지 완수하는가?

(2) 긍정적인 결과를 머릿속에 그려보는가?

(3) 고쳐야 할 습관이 있는가?

(4) 직업 목표를 늘 염두에 두고 있는가?

(5) 늘 긍정적인 생각을 하는가?

(6) 특정 업무에 집중하는 것이 어려운가?

(7) 다른 사람들의 영향을 쉽게 받는가?

(8) 동시에 너무 많은 계획들을 추진하고 있는가?

(9) 실패의 결과나 성공의 보상에 대해 지나치게 염려하고 있지는 않은가?

(10) 진심으로 성공에 대한 불타는 열망을 지니고 있는가?


※ 그럼 이런 내용들을 하나씩 개별적으로 검토해 보자.


◎ 업무와 계획들을 끝까지 완수하는가?

만약 당신의 대답이 '아니오'라면 왜 그런지 스스로에게 물어보라. 이룩한 분량에 만족하기 때문인가? 진행 중인 일이 가망 없어 보이는가? 현재 업무를 완수하기도 전에 다른 업무를 시작했는가? 아니면 단지 흥미를 잃었기 때문인가?

당신의 이유를 내가 알 수는 없다. 하지만 당신이 그 이유를 찾아내서 알게 되면 이를 바로 잡을 수 있게 된다.

◎ 긍정적인 결과를 머릿속에 그려보는가?

확실하게 '예'라는 대답이 왜 그렇게 중요한가? 일생 동안 이룩한 모든 일들은 처음에는 생각으로 시작된다. 예를 들어 당신 배우자, 주택과 자동차, 선택한 직업이나 경력, 심지어 입고 있는 옷조차 그러하다. 당신의 생각은 살아가면서 구체화된다.

이 말이 성공에도 해당되는가? 분명히 그렇다! 성공이라는 목표를 위해 긍정적인 결과를 그려 보는 것은 아주 중요하다. 만약 당신이 생각하는 일이 일어난다면 당신이 하고 있는 일에서 얻고자 하는 결과를 긍정적으로 생각하는 것이 중요하다.

◎ 고쳐야 할 습관이 있는가?

당신이 성공에 방해되는 습관들을 갖고 있다면 솔직히 이를 인정하라. 언제, 어떻게, 왜, 그런 습관들을 갖게 되었는지 살펴보아라. 이 습관들로 인해 당신의 직업 목표를 성취하지 못하고 있음을 깨닫고 인정하라. 그런 습관들이 반드시 우리가 일반적으로 생각하는 나쁜 습관들만은 아님을 명심하라.

정기적으로 영화관에 가거나 매주 특정한 TV 프로를 시청하거나 이따금 친구들과 모임을 하거나 정기 리그에 참가하는 스포츠 팀을 응원하거나 혹은 매주 토요일마다 스스로 세차를 하는 그런 유쾌한 습관들일 수도 있다.

좋은 습관이건 나쁜 습관이건 상관없이 이런 습관들이 같은 결과를 가져오게 되는데, 즉 성공에 방해가 된다는 점이다!

당연히 모든 나쁜 습관들은 인정하고 노력해서 없애야만 한다. 그렇지만 방금 언급한 유쾌한 습관들은 어떻게 해야 하나? 유쾌한 습관들도 성공에 장애가 되는가? 불행하게도 그 대답은 '예스' 이다.

어떻게 유쾌한 습관이 성공에 장애가 될 수 있는가? 대답은 간단하다. 시간 때문이다. 당신이 소모하는 시간으로 인해 당신이 열망하는 성공이 이루어지지 못하는 것이다.

'나는 상관하지 않는다. 나는 이런 일을 좋아하고 계속 할 것이다' 라고 말할지도 모르겠다. 그러나 만약 당신이 진정으로 성공에 대한 불타는 열망을 지니고 있다면 다음 질문에 대답해 보라.

유쾌한 습관과 좋은 결과 중 어느 쪽을 더 선호하는가? 결과를 얻기 전까지 두 가지 모두를 가질 수는 없다. 유쾌한 습관들이 삶에 즐거움과 기쁨을 더해 줄 수는 있다. 그러나, 이로 인해 성공에 장애가 될 수 있다는 것이다. 그러므로 스스로 판단하라. 좋은 결과가 당신의 목표임에 틀림없다! '좋은 결과을 위해서 유쾌한 습관들은 잠시 뒤로 미루어 놓아라.'

◎ 직업 목표를 늘 염두에 두고 있는가?

이것은 하나의 도전으로 잘 수행되면 큰 보상을 얻을 수 있다. 직업목표를 늘 염두에 두고 있는가? 정답은 '반드시 그래야만 한다.' '그 사람의 생각이 곧 그이니라' 라는 말을 믿는다면 그리고 '사람은 자신이 생각하는바 대로 된다.' 라는 얼 나이팅게일의 말을 믿는다면 당신은 늘 직업 목표를 염두에 두어야 한다.

또 '사람은 현재에 지배적인 생각의 방향으로 움직인다' 라는 데니스 웨이틀리의 말을 믿는다면 '자신의 직업 목표가 살면서 명백히 실현되도록 늘 염두에 두어야 한다.' 이것이 법칙이다.

매일 아침 하늘에 해가 뜨고 매일 저녁 달이 뜨는 것과 같은 법칙이다. 매일 밀물 썰물이 바뀌는 것과 같은 법칙이며 물체가 하늘이 아닌 땅으로 떨어지는 중력의 법칙과 같은 것이다.

일단 이 법칙들을 이해하고 존중하고 지켜 나간다면 모든 원대한 목표들이 기꺼이 성취될 것이다.

◎ 늘 긍정적인 생각을 하는가?

그냥 실험 삼아 머릿속에 부정적인 생각을 한번 품어보자. 우리가 방금 언급하고 동의한 사실이 법칙이라면 똑같은 법칙이 부정적인 생각에도 해당된다. 이 또한 삶에서 사실과 실제가 될 것이다. 올바른 법칙을 이해하면 성공하는 일은 간단해진다.


◎ 특정 업무에 집중하는 것이 어려운가?

이 문제가 당신의 결점 중 하나인가? 만약 그렇다면 '재주가 많음은 없는 것과 같다' 라는 옛 격언을 명심하라. 그러므로 당신이 집중할 수 없다면 최고의 마케터로서 성공적인 사업가가 될 수 없다는 것을 알아야 한다.


◎ 다른 사람들의 영향을 쉽게 받는가?

이 질문은 어떻게 다른 사람들이 우리에게 그리고 우리의 삶에 영향을 줄 수 있는지에 대한 관심을 기울이게 한다. 의심할 여지없이 네트워크 비즈니스나 세일즈 업무에 종사하는 사람들은 어떤 사업이나 업무에 종사하는 사람들보다 더 무상의(그러나 요구되지는 않은)충고와 조언에 대해 개방적이고 그 충고와 조언의 대상이 된다.

우리가 가족이나 지인들에게서 그들의 동의와 축복을 구한다고 믿게 만드는 요인은 무엇인가? 그들은 자신들의 이야기가 얼마나 부정적인가를 깨닫지 못하는가? 네트워크 비즈니스나 세일즈를 하는 사람들이 그 누구라도 충고해 주기를 원한다는 현수막을 몸에 두르고 살아가고 있는가? 도대체 무엇 때문에 그들은 그런 말을 할 권리가 있다고 생각하는가? 나는 알지 못한다.

아마도 그들은 성공의 대가를 치르려 하지 않았기에 성공을 위해 노력하는 사람들을 질투하는지도 모르겠다. 그들처럼 되지 말자. 그리고 어느 누구라도 우리에게 부정적인 방식으로 영향을 주지 못하도록 하자.


◎ 동시에 너무 많은 계획들을 추진하고 있는가?

만약에 당신이 동시에 너무 많은 계획들을 추진하고 있다면 배우자와 함께 앉아서 당신과 당신의 미래에 진정으로 중요한 일이 무엇인지를 결정할 필요가 있다.

간단하게 당신이 현재 하고 있는 모든 일의 목록을 적어보라. 그리고 나서 중요도에 따라 그 목록에 우선순위를 정해보아라. 만약 당신이 하는 사업이나 직업이 목록의 상위에 놓이지 않는다면 성공하기 힘들다.

나는 누구에게나 자신에 대한 믿음이 제 1순위에 놓여져야 한다고 늘 가르쳐 왔다. 자신과 그 법칙에 대한 강한 신념 없이는 성공할 수 없다.

내 개인적으로는 가족을 사랑하는 이들이 두 번째 순위여야 한다고 믿는다. 함께 나누고 사랑할 사람이 없다면 도대체 무엇이 인생의 목적인가? 나는 사업이나 직업에서의 성공을 세 번째 순위에 두라고 제안하고 싶다.

어떤 이들은 아마도 사업의 성공 없이는 가족들을 잘 부양할 수 없다고 주장하면서 두 번째와 세 번째의 순위를 바꾸라고 할지도 모른다. 그들의 의견도 일리가 있지만 나는 내 목록의 순서를 고집할 것이다.

외부 활동이나 계획에 관한 한 스스로 자문해 보아야 한다. 즉, 자신의 마케팅 경력을 쌓아 가는 데 사용할 시간들을 빼앗아 감에도 불구하고 시간을 내어서 해야할 만큼 중요한 일들인지를 자문해 보아야 한다. 아마도 대부분의 일들은 방해만 될 것이다. 당신은 그런 일들에 사용하는 시간을 제한하고 진실로 중요한 일에 전념해야 한다.

……

◎실패의 결과나 성공의 보상에 대해 지나치게 염려하고 있지는 않는가?

내가 지금까지 들어온 이야기 중 가장 훌륭하고 적절한 것으로 한 연설가의 이야기가 있다.

그가 제의하기를 길이가 4미터이고 너비가 20센치인 나무판 위를 떨어지지 않고 끝까지 걸어가는 사람이 있으면 누구에게나 만원을 주겠다고 하였다. 그 나무판은 지상에 놓여 있고 만원을 벌기 위해서는 단지 나무판 길이대로 균형을 잡아서 걸어가기만 하면 된다.

당신도 동의하겠지만 이것은 누구나 할 수 있는 것으로 보통의 균형감각을 가진 사람이라면 어렵지 않다. 쉬운 만원 벌이가 아닌가? 나무판에서 벗어나 마루 위로 떨어진다 해도 만원을 놓치는 것을 제하고는 어떠한 두려움도 실패의 결과도 없다.

그러나 내기 돈을 백만 원으로 올리고 나무판을 15층 짜리의 두 건물 사이로 높이 올린다면 어떨까? 이제 공포라는 요소가 끼여든다. 떨어지면 죽는 것이다.

우리는 나무판이 지상에 놓여 있을 때는 아무 문제없이 걸어갈 수 있지만 똑같은 나무판을 단지 높이 올려놓기만 해도 바로 실패의 결과를 생각하기 시작하고 첫 걸음을 내딛기 주저하게 된다.

사람들이 사업을 시작하거나 유통망을 구축하려 시도할 때도 같은 현상이 일어나고 대부분의 경우 이로 인해 그런 일을 중단하게 된다.

전화 약속을 하거나 고객에게 판매나 사업기회를 제안할 때도 마찬가지로 실패에 대한 염려가 머릿속에 스며든다. 그들은 거절당해서 실망하고 실패하게 될지 모른다고 생각한다. 그러니 다시 한번 그의 머릿속에 부정적인 결과의 가능성이 압도하게 되는 것이다.

이런 사고방식을 극복하기 위해서는 가능성 있는 성공의 보상에 대해서만 깊이 생각해야 한다.

예를 들어서 약속을 하거나 사업계획을 제시할 때 이번 약속이나 새로운 고객은 내 노력의 결과이며 내 유통망에 핵심적인 혹은 매우 가치 있는 고객이 될 것이라고 스스로에게 다짐해야 한다.

어쩌면 수백명 아니 수천명의 새로운 고객을 당신 조직에 끌어올지도 모른다고 생각하라. 이런 긍정적인 사고를 함으로써 당신은 전화통화와 상품소개를 훌륭하게 할 수 있는 것이다.

어느 무엇도 당신을 저지하지 못한다. 전화통화를 할 때나 사

업계획 또는 상품 소개시의 두려움을 극복하기 위해서는 통화상
대자나 맞은편에서 이야기를 듣고 있는 상대방이 당신 사업의
버팀대가 되어 줄 중요한 인물이 될 수 있다고 스스로 생각해야
한다. 일종의 최면인 것이다.

앞으로는 결코 실패로 인한 결과의 가능성에 대해 생각해서는
안 된다. 당신의 다음 임무는 그것이 무엇이든지 자신의 미래에
엄청나게 중요한 일로써 자신이 열망하는 목표에 도달하는 데에
도움이 될 것이라고 스스로에게 이야기하는 것이다!

목표에 전념하는 일의 중요성을 납득시키기 위해 나의 경우를
한 가지 이야기 하고자 한다. 내가 아직 10대의 소년이었을 때
나는 내가 자랐던 인디애나 주의 언덕과 숲으로 메추라기 사냥
을 가는 것을 좋아했다.

그러나 그 당시 나에게는 잘 길들여진 사냥개 같은 사치스런
도움은 없었고 그저 주위에서 푸드덕 날아오르는 한 무리의 메
추라기 떼 속에 서 있곤 했다.

만약 당신이 이런 사냥을 해본 적이 있다면 지금 내가 하는 말
을 이해할 것이다. 처음에는 많이 놀라고 당황하고 겁에 질려서
전혀 사냥할 준비가 되어 있지 않았다.

새들을 보면 본능적으로 총을 발사하게 되는데, 그럴 때 당신은 그 많은 새들 중에 한 마리는 맞게 될 것이라고 생각할 것이다. 그러나 희망과는 달리 그럴 때마다 결과는 늘 같았다. 예전에 인디애나에서 쓰던 속어대로 표현하자면 난, 늘 '엿 먹었다. 다 놓쳤군.' 이었다.

노련한 사냥꾼인 나의 형 짐이 나중에 요령을 일러주었다. 즉, 새 한 마리를 노려서 그 놈이 나는 것을 눈으로 쫓다가 방아쇠를 당기라는 것이었다. 나는 훨씬 나은 결과를 얻을 수 있었고 어린 사냥꾼에게 그보다 더 좋은 충고는 없었다.

한 마리 한 마리 새에 집중해서 당신의 사냥 한계치만큼 획득하라. 인디애나에서 내 사냥 한계치는 메추라기 다섯 마리였다. 당신의 판매나 네트워크 비즈니스에서 당신의 한계치는 수천에 이른다. 성공하기 위해서는 이 집중력이 진정으로 필요한 요소이다.

◎ 진심으로 성공에 대한 불타는 열망을 지니고 있는가?

자신에게 이 질문을 해야 한다. 왜냐하면 진실로 불타는 열망 없이는 목적을 성취할 수 없기 때문이다. 이제 여기서 내가 당신을 도울 수 있는 유일한 길은 '불타는 열망'이란 말을 정의 내리는 일이다. 이를 통해 당신은 자신의 결단력과 그 동기의 깊이를 스스로 평가할 수 있게 될 것이다.

그러면 '불타는 열망'은 정확히 무엇을 의미하는가? 더 상세히 얘기하자면 당신에게 있어서 이 말이 무엇을 의미해야 하는가? 우선 당신이 이런 불타는 열망을 지니고 있다면 어느 것도 당신의 성취를 방해할 수 없다. 그렇다면 당신은 얼마나 강하게 이러한 특성을 지녀야 하는가?

나의 형 빌은 강연에서 늘 그리스의 철학자인 소크라테스에 관한 일화를 이야기하곤 한다.

어린 제자 한 명이 소크라테스에게 어떻게 하면 지식을 얻을 수 있는지를 물었다. 아무 대답없이 소크라테스는 그 학생을 근처 호숫가로 데려갔다. 학생과 함께 호숫가에 앉은 소크라테스는 제자의 머리를 물 속에 밀어 넣었다.

어린 제자는 온 힘을 다해 저항했으나 아무 소용이 없었다. 제자는 거의 익사할 지경이었고 물위로 거품이 떠오르면서 저항의 힘이 점점 약해져갔다. 목숨을 잃게 될 지경에 이르렀을 때 소크라테스는 그를 놓아주고 머리를 물 밖으로 끌어내었다.

제자는 입에서 물을 토해 내고 숨을 거칠게 내쉬었다. 그때, 소크라테스가 묻기를 물 속에서 거의 죽을 지경이었을 때 가장 열망한 것이 무엇이었냐고 물었다. 어린 제자가 대답했다. '공기, 공기 였습니다.' 그러자 소크라테스가 제자에게 가르치기를 좀 전에 공기를 원한만큼 지식을 갈구할 때 지식을 얻을 수 있다고 했다.

이것이 바로 내가 말하는 '불타는 열망' 이다. 그 정도로 열렬히 성공하기 원한다면 성공할 것이다. '불타는 열망' 앞에 그 무엇도 어느 누구도 당신을 저지하지 못할 것이다.

당신은 반드시 자신의 태도가 목표를 좌우하고 이에 영향을 끼친다는 것을 인식해야 한다. 잘못된 태도는 우리가 논의한 방법들로 고쳐질 수 있음을 인식하라.

집중력은 성공의 필수요건이다. 당신은 자신이 열망하는 일에 집중해야 한다. 무엇이 집중에 방해되는지를 찾아내고 그것을 고쳐라.

'훌륭하고 긍정적인 태도 없이는 그리고 계속 집중할 수 있는 능력 없이는 당신이 열망하는 성공을 이룰 수 없다.'

# 믿음

"

믿는다는 것은
이 세상에서 제일 큰 힘이다.
내가 성공을 말할 때 어떤 사람도
그것을 비웃지 못하도록 하라.

"

디오도어 루빈

# 8장 믿음

모든 일의 성공요건 중에는 단연 '믿음'이 최고 강점이 되어야 한다. 요지부동의 믿음으로 무장하지 않으면 성공 가능성은 희박해진다. 분명한 것은 믿음이 결여된 노력은 시간낭비에 지나지 않는다는 점이다.

앞에서 소개된 여러 가지 구체적인 성공 요소들을 아무리 열심히 익히고 소화시켜서 자신의 성공무기로 만든다 할지라도 변함없는 믿음이 없다면 성공은 요원해질 수밖에 없다.

이해를 돕기 위해 역사적인 위인들을 살펴보기로 하자. 행동으로써 용기와 믿음을 보여준 역사적인 인물들은 저마다 굳은 믿음으로써 목표와 야망을 이룰 수 있었다.

에이브라함 링컨이 그 대표적인 인물이다. 다른 이들처럼 링컨도 많은 직업을 전전하며 성공을 위해 많은 노력을 하였다. 수많은 좌절과 성공으로 점철되었던 과거의 경험이 비옥한 거름이 되어 마침내 미합중국의 대통령으로 당선될 수 있었고 아메리카 합중국을 수호했다는 공로를 인정받기에 이르렀다.

링컨이 거쳤던 수많은 직업 가운데에는 나룻배 사공, 상점상인, 인디언 토벌대 자원군, 측량기사, 우체국장, 주 의회 정치인, 순회재판 변호사, 그리고 개인변호사 등이 있었다. 결과야 어찌되었든 과거의 직업에서 얻은 경험은 매번 다음 도전을 위한 믿음을 굳건히 다져 주었다.

링컨의 그러한 요지부동한 믿음이 크게 시험된 때는 1863년 7월이었는데 당시 남북전쟁의 전화(戰禍)가 절정에 달했던 게티스버그 전투에서였다.

그때 남군의 사령관이었던 리 장군은 7만 3천명의 잘 훈련된 남군을 이끌고 북부 펜실베니아로 전진해 오고 있었다. 여러 전투에서 승리를 거듭한 리 장군의 병사들은 사기가 충전하여 이번 전투에서도 승리할 수 있으리라고 자신에 차 있었다.

게다가 이번 전투는 북부 땅에서 치르는 최초의 전투로 후에 남북전쟁의 판도를 결정할 아주 중요한 전투가 되었는데 그 당시 북부 사람들의 불안과 공포는 극에 달했다고 한다.

상황의 심각성과 전투 결과의 중요성을 깨달은 링컨은 잠시 조용한 방에 들어가 북부군이 펜실베니아 게티스버그 전투에서 승리할 수 있게 해 달라고 기도하기 시작했다.

하느님께 그 전쟁의 대의를 호소한 뒤, 이것은 하느님의 전쟁이기도 하다고 말했다. 만일 하느님이 북군 병사의 편에 서신다면 링컨 또한 하느님의 편에 서겠다고 맹세하였다.

그 방을 나올 때에 이미 북받치는 확신과 믿음이 그의 가슴에 밀려들었고 또한 그가 원하는 전투 결과를 얻을 것이라는 것을 직감했다. 이러한 링컨의 모습을 본 보좌관들과 장군들이 처음에는 눈이 휘둥그레졌지만 이윽고 그의 확고한 믿음과 침착한 태도에 경탄을 금치 못하였다.

결국 전투는 역사가 보여 주듯이 양쪽 진영 모두 엄청난 병력 손실을 입게 하였지만 마침내 북군의 승리로 돌아가 남북전쟁의 종지부를 찍는데 기여했다. 그리고 모든 주가 하나의 연방정부 안에 통합되어 오늘날의 아메리카 합중국을 이룬 것이다.

역사책이 빠뜨린 사실 하나는 에이브라함 링컨 사후에 그가 세계적으로 가장 존경받는 위인이라는 것이다. 링컨은 그의 업적, 글, 윤리관으로도 존경받고 있지만 무엇보다도 확고한 믿음으로 추앙 받고 있다.

예수 그리스도 다음으로 세계에서 가장 많이 언급되는 인물이 바로 에이브라함 링컨이라는 사실을 알고 있는 사람은 아마 드물 것이다. 링컨이야말로 굽힐 줄 모르는 믿음의 힘을 웅변해 준 대표적인 인물임을 나는 믿어 의심치 않는다.

·············································

### 자신의 꿈을 이루기 위해서는
### 자신에 대한 굳은 믿음을 잃지 않도록 하라.

·············································

한 개인의 믿음이 얼마나 대단한가를 보여주는 또 다른 예로 찰스 A. 린드버그를 들 수 있다. 린드버그는 1902년 미네소타의 한 농장에서 태어나 성장했다.

그의 유년기 환경에 영향을 준 것으로는 갖가지 농기계로 가득 찬 부모의 농장과 전기모터, 망원경, 금속용해액 등을 마음껏 구경할 수 있었던 미시간 주 디트로이트에 있었던 할아버지의 연구실 이었다. 그리고 아버지가 10년간 의회 의원을 지낸 관계로 가능했던 여러 차례의 워싱턴 DC 방문 이었다. 그 중에서 그의 관심을 가장 끌지 못한 축에 든 것은 워싱턴 DC 정치였다.

그는 1912년에 처음으로 에어쇼를 구경하게 되었는데, 그때 비행이라는 꿈이 온통 그를 사로잡아 버렸다. 그 후 항공학교를 다닌 그는 나이 21살에 자신의 첫 비행기를 장만했는데 그것은 제 1차 세계대전 구조 훈련기였다.

그는 그 비행기로 전국을 돌아다니며, 에어쇼 순회공연으로 연명하다가 군에 입대하여 공군사관생도가 되었다. 졸업 후에 항공우편 일등조종사가 되어 세인트루이스와 시카고 간의 항공노선을 비행하였다.

그의 생애 처음으로 뉴욕과 파리 간, 논스톱 대서양 횡단을 꿈꾼 때가 바로 이때라고 그는 훗날 회고하였다. 당시에 그것은 거의 불가능한 것으로 여겨지던 일이었다.

그런 엄청난. 즉, 전례가 없는 일을 시도하려면 과연 어떠한 믿음이 필요했을까?

자기 비행기에 대한 믿음과 도전을 위한 철저한 준비, 작업에 대한 믿음, 그리고 자신을 지원해주는 사람들에 대한 믿음이었다. 그러나 무엇보다 중요한 것은 린드버그가 자기 자신에 대해 그리고 그 모험에 도전할 수 있는 자신의 능력에 대해서 확고한 믿음을 가지고 있었다는 사실이다. 그러한 믿음이 너무나도 강해서 안전이나 목숨에 대한 염려도 그를 가로막지 못했다.

1927년 마침내 그는 33시간의 역사적 비행에 성공했다. 그는 이후 대단히 성공한 사업가가 되었고 포드자동차 회사의 고문위원을 역임했으며 항공분야에서 존경받는 저명인사로 시험조종사가 되는 영예를 안았고 공군준장까지 역임하였다.

그리고 자연보호와 야생동물 보호를 위해 그의 여생을 바쳤다. 그의 일생은 통틀어서 미국의 훌륭한 영웅이 되었다. 얼마나 멋진 인생인가! 얼마나 눈부신 업적인가! 얼마나 훌륭한 인물인가! 얼마나 대단한 믿음인가!

☞ Tip 2

'믿음이란 눈에 보이지 않는 것을 믿는 것이요.
이러한 믿음의 대가는 바로
우리가 믿는 것을 눈으로 확인하게 되는 것이다.'

마이크로 소프트라는 컴퓨터 제국의 회장이자 공동창립자인 빌 게이츠 또한 불변의 믿음과 전문지식이라는 두 가지 재산으로 무슨 일을 이룰 수 있는가를 보여준 뛰어난 인물이다.

그 두 재산 중 특히 믿음의 힘에 관해서 빌 게이츠의 성공담은 시사해주는 바가 크다. 빌 게이츠의 부모인 매리와 빌 주니어 부부는 지적이고 성공한 사람들이었다. 어머니는 훌륭한 교사로 성공하여 영향력 있는 인사들과 친분이 두터웠다.

아버지인 빌 주니어는 제 2차 세계대전 동안 중위로 군복무를 마친 후에 변호사가 되었다. 그는 머리가 뛰어나고 야심 찬 사람으로 후에 시애틀에서 상당히 성공한 변호가 되었다.

빌 게이츠 3세는 1955년 10월 이들 부부의 둘째 아이로 태어났으며 어릴 때부터 그는 보기 드문 정열과 뛰어난 머리를 과시하였다. 여덟 살에 이미 세계 대백과 사전의 전권을 통독했다고 전한다. 그는 뭘 하든지 간에 최고로 잘해야 한다는 집착을 보였다. 그리고 그가 노력한 만큼 결실을 거둘 수 있었던 것은 그에게 다독을 권했던 외할머니의 지도도 큰 몫을 하였다.

교구의 목사였던 터너 목사의 교리시간에 있었던 일이다. 터너 목사는 만일 빌이 마태복음 5장, 6장 그리고 7장을 단 한번의 실수 없이 암송해 낸다면 상으로 스페이스 니들 타워의 꼭대기 구경과 저녁식사를 시켜주겠노라고 제안했다.

그곳은 당시 시애틀에서 누구나 가보고 싶어하는 유명한 명소 중의 하나였다. 결국 빌은 그 복음을 전혀 흠잡을 데 없이 완벽하게 암송해냈다. 그것은 터너목사 교리시간 사상 최초의 사건이었다.

컴퓨터에 대한 빌의 초기 관심은 보이 스카웃 잼버리에서 이미 발견되었다. 야영을 하던 어느 날 밤 보이 스카웃 단원들은 모닥불 주위에서 각자의 장기를 한 가지씩 발표하기로 했는데 다른 모든 소년들은 매듭매기, 나무나 잎의 이름대기 등 흔하고 평범한 보이 스카웃 시범을 선보였다.

그러나 빌과 그의 친구는 기발한 아이디어를 가지고 있었다. 그들은 컴퓨터의 작동과 그 기능을 선보였던 것이다. 당시만 하더라도 컴퓨터나 그 성능에 관해서는 거의 알려진 바가 없었는데 한 어린 보이 스카웃 소년과 그의 친구가 그 일을 해낸 것이다.

벌써 이때부터 빌은 미래를 어느 정도 내다보고 있었다는 것을 짐작할 수 있다. 11살이 되던 해에 빌은 영재들을 위한 사립학교에 입학했다. 이 시기에 컴퓨터에 대한 그의 탐구열은 뜨겁게 타올랐다.

컴퓨터는 당시만 하더라도 이해하기가 쉽지 않았다. 왜냐하면 컴퓨터에 관한 책, 정보지 혹은 도서관이 드물었기 때문이다. 따라서 컴퓨터에 관심 있는 사람들은 반드시 컴퓨터에 대한 정보를 찾아 나서야 힘들게 얻을 수 있었는데, 빌은 게걸스럽다 싶을 정도의 지적욕구로 그 일에 몰두하였다.

얼마 지나지 않아서 학생들은 물론이고 컴퓨터 업계의 뛰어난 사람들도 빌에게 컴퓨터에 대한 지식과 의견을 상의해 오기 시작했다. 컴퓨터와 그 내부 작동에 대한 빌의 풍부한 지식 때문에 그의 이름은 교내에 널리 알려지게 되었다.

당시에 상급반이었던 폴 알렌과 빌은 컴퓨터에 대한 공통의 호기심을 가졌었기 때문에 함께 어울리기 시작했다. 두 학생은 레이크사이드의 사립학교에 함께 다니는 동안 여러 가지 돈벌이를 하였다. 그 중에는 학교 학적부, 직원 월급명세서, 세금 정보 등의 전산화와 여러 가지 경영 소프트웨어 개발 등이 포함되었다. 그들이 가지고 있던 두 가지 목표는 너무나 단순하고 솔직한 것이었다. 즉, 컴퓨터에 더 능통해서 큰 돈을 벌 방법을 찾는 것이었다.

졸업 후, 빌이 하버드대로 진학할 때 '나보다 똑똑한 사람들로부터 배우겠다.'는 말을 했다고 전한다. 당시에 빌과 파트너인 폴 알랜은 세 가지 꿈을 이루기로 굳은 약속을 했다.


'첫째, 컴퓨터에 통달하는 것, 둘째, 큰돈을 버는 것, 그리고 셋째, 이 꿈을 이루기 위해 자신에 대한 굳은 믿음을 잃지 않는 것이었다. 그때까지 한 일들을 보면 그들이 그 꿈을 반드시 이루리라는 것을 알 수 있다.'


마침내 좋은 기회가 찾아왔다. 뉴멕시코 주의 알부께끄에 소재한 미츠사가 '베이직'이라는 새로운 컴퓨터 언어를 자사 컴퓨터인 '알테어'어에 응용시키기를 원했지만 당시 미츠의 컴퓨터

기술자들은 이를 불가능하다고 생각하고 있었다. 전자공학 간행물에 게재된 한 기사를 읽고 빌과 폴 알랜은 이 회사의 난제를 알게 되었다.

아직 해결책을 만들어 내지 못했는데도 그들은 이미 미츠에 전화를 걸어 베이직 언어를 알테어에 응용시킬 연결고리 프로그램을 자신들이 가지고 있다고 자신 있게 말했다.

자기 자신과 자기 능력에 대한 확고한 믿음이 있었기에 가능한 일이었다. 그 후 8주간 그 프로젝트에 매달린 결과 마침내 그 목표를 성공적으로 달성할 수 있었다. 이로써 개인용 컴퓨터의 혁명이 시작된 것이다!

그 이후 믿음의 가공할 힘을 원동력으로 하여 마이크로소프트사가 창립되고 성장 일로를 달려 오늘날 거대한 제국으로 굳건히 자리매김하게 된 것이다.(각주 : 아울러 빌 게이츠 3세는 미국 역사상 최연소 억만장자가 되었다.)


'믿음이 큰 만큼 대가도 큰 법이다.'

세상 많은 사람들이 평생 동안 자신들의 목표나 명분을 위해 믿음의 힘을 증명해 보였다면 다음에 소개될 인물은 이들보다 한 차원 높은 사람일 것이다.

..................................................

믿음에 대한 끊임없는 시험을 받는다 할지라도.
자신의 의지나 동기 혹은 결과에 대해
주춤하거나 회의를 가지지 말라.

..................................................

테레사 수녀는 모든 현대인을 초월하는 인물이다. 소위 현대의 성인이라 불리는 테레사 수녀는 아주 평범한 모습으로 나타나서 세상의 고난과 고통을 감싸 안은 인물이다.

지극한 헌신과 신앙심 때문에 그분은 전 세계적으로 사랑 받고 있다. 테레사 수녀의 믿음이 가지는 아주 놀라운 점은 한 두번이 아니라 여러 번 믿음을 도전 받고 시험받았다는 사실에 있다.

테레사 수녀를 진정으로 이해하기 위해선 우선 그분의 어린 시절부터 더듬어 볼 필요가 있다. 1910년 유고슬라비아에서 알바니아인 부부의 세 아이 중 한명으로 태어나서 아그네스라는 이름으로 불려졌었다.

10대가 되었을 때 아그네스는 국영학교에 다니다가 그곳에서 헌신적인 자선을 소명으로 삼는 '소델리티' 라는 카톨릭 단체에 가입하였다. 겨우 18살의 나이로 아그네스는 수녀가 되기 위한 수도를 위해 인도로 파견되었다.

소속된 교회의 규율에 따라서 테레사라는 새 이름을 갖게 되었다. 테레사 수녀는 그곳에서 지리를 가르쳤고 후에는 캘커타에 있는 성 마리아 고등학교의 교장이 되었다.

하루는 테레사 수녀가 자신의 숙소에서 떨어진 곳에 일을 보러 나갔는데 바로 그날, 그녀의 삶과 목표가 송두리째 그리고 영원히 바뀌는 계기가 되었다. 예기치 못했던 그날 그녀는 가난한 사람과 죽어가는 사람 그리고 사회에서 버림받고 잊혀진 거리의 사람들을 목격하게 된것이다. 그리고 낙후된 나라인 인도에서 황폐해진 인간성을 목격했다. 굶주리고 병들고 죽어가는 그들은 돌봐 줄 가족도 없이 사랑과 관심으로부터 외면된 채 죽을 날만 기다리고 있었다.

수녀원에 돌아가자마자 테레사 수녀는 수녀원장을 찾아가서 이야기하기를 거리로 나가 도움이 필요한 사람에게 베품을 실천하도록 허락해 달라고 부탁했다. 당시 테레사 수녀가 지내던 수녀원과 학교에는 바깥 세상에서 찾아보기 힘든 설비가 갖추어진 비교적 쾌적한 환경을 갖추고 있었다.

그런데 테레사 수녀는 그런 곳을 떠나서 거처할 곳도 없는 황량한 거리로 나가 극빈자와 무서운 질병으로 죽어가는 환자에게 봉사하겠다고 나선 것이다. 그 누구로부터 한 푼의 돈이나 지원도 없이 말이다.

도대체 무엇이, 그분 내면의 봉사에 대한 욕구에 불을 당긴 것일까? 가능한 설명은 단 한가지, 신께서 모든 자녀의 마음에는 항상 그 분의 성령이 머무르고 우리의 내면에 똑같은 영적 힘을 불어넣어 주셔서 우리가 가치 있는 목표를 이루도록 하신다는 것이다. 그러므로 우리가 어떻게 그것을 의심하거나 우리 자신을 못 믿을 수 있겠는가? 또 신이 불어 넣으신 것을 어느 누가 파괴할 수 있겠는가?

결국 테레사 수녀는 스스로 정한 방향을 실천하라는 허락을 받았다. 테레사 수녀는 곧장 캘커타 거리로 나가서 고통 받는 수백만의 삶과 마음속으로 들어갔다.

우선 안식처를 마련하여 죽어가는 사람들이 사랑과 보살핌을 받아 편히 눈을 감을 수 있도록 하였고 요양소를 설립하여 병자들이 간호 받고 따뜻한 보살핌 속에서 건강을 회복할 수 있도록 하였다.

또한 도움을 필요로 하는 다른 도시 사람들에게 도움의 손길을 뻗치기 위해 봉사의 대열에 동참할 사람을 모집하였고 나병환자를 위한 수용시설의 문을 열어 그들에게 도움의 손길을 내미는 것도 잊지 않았다.

평생토록 자비를 베풀고 많은 업적을 이룩하였지만 테레사 수녀는 대가를 바라지 않았다. 전 세계에서 일어나는 빈곤과 질병, 파괴에 맞서 싸우는 그녀의 노력에 관해서는 쓰고 말하되 그녀 개인에 관해서는 기사화하지 말 것을 요청하기도 하였다.

테레사 수녀는 이 목적을 위해 평생을 바쳤고 사람들에게 그 목적을 인식시키려는 소망에서 이것에 관해 쓰고 말하려는 사람을 기꺼이 허락하였다. 그 '전령'은 「맬콤 머거리지」라는 사람의 모습으로 나타났다. 그는 테레사 수녀의 말을 인용하여 다음과 같은 글을 썼다.

'그의 삶은 생전에 한 번도 글로 쓰여진 적이 없었다. 하지만 그는 세상에서 가장 위대한 일을 행하셨다. 그 분은 세상을 구원하셨고 사람들이 하나님을 사랑할 것을 가르치셨다. 모든 일은 전능한 신의 뜻이며 우리 모두는 신의 도구인데, 어떤 이는 제 몫을 다하기도 하고 또 어떤 이는 못 본 채 지나치기도 한다.'

테레사 수녀의 놀라운 믿음과 헌신 그리고 부지런함 때문에 그녀는 앞으로도 영원히 진정한 성인으로 추앙 받을 것이다.

지금까지 네 명의 위인이 이룩한 업적과 그 믿음의 깊이를 살펴보았다. 이제 그러한 변함없는 믿음이 어디에 필요한가를 생각해 보자.

☞ Tip 4

> 자기 자신에 대한 완전한 믿음을 가지고
> 자신의 모든 생각이 오로지 성공을 향하는데
> 한치의 부족함도 용인되지 않도록 하라.

자기 자신에 대해 믿음을 가지는 것만으로는 충분치 않다. 목표, 사업 계획, 생산 활동, 스폰서, 그리고 이 모든 것을 가능하게 하는 기회에 대해서도 굳은 믿음을 가져야만 한다.

우선, 당신의 배우자와 한자리에 앉아서 각각의 특정분야를 개별적으로 검토한 뒤, 당신의 생각과 염려 그리고 믿음을 함께 공유하라. 만약 약간의 불신이라도 있다면 지금 이야기 하라.

서로의 말에 귀 기울이면서 자신의 강점과 약점을 메모하라. 서로의 생각, 두려움 그리고 불신이 있다면 완전히 이해하고 꿰뚫어 보는 것이 매우 중요하다. 그것이 표현되도록 노력하라.

만약, 그렇지 않다면 언젠가는 이 중 어느 것이 무의식적으로 작용하여 당신이 추구하는 것을 막을 것이다. 기억하라. 지적된 문제는 이미 반쯤 해결된 문제인 것이다.

최악의 상황은 바로 열의 없이 일을 진행시킬 때이다. 완전한 믿음을 가진다면 모든 생각이 오로지 당신의 성공을 지향하고 목표 달성에 한 치의 모자람이 없도록 노력할 것이다.

이때 당신의 목표와 배우자의 목표가 일치하도록 하라. 만일 두 사람의 목표가 일치하지 않는다면 결과는 전혀 달라질 것이다. 그것은 마치, 마차 하나를 서로 다른 방향에서 끄는 것과 같다. 노력은 노력대로 엄청나게 들고 진전은 보지 못할 것이다.

두 사람이 동반자가 되어 열의와 믿음을 공유한다면 그 어떤 것이라도 이룰 수 있다. 부부 일심동체(一心同體)가 가지는 뭉쳐진 에너지와 상승작용은 그들의 목표 달성을 위한 전진이 멈추어지지 않게 할 것이다.

옛 시골 축제 때 흔히 볼 수 있었던 말의 힘겨루기 시합에서 그 사실을 확인할 수 있다. 만일 말 한필이 500킬로그램의 짐이 실린 수레를 끌 수 있다면 두 마리의 말은 힘을 합쳐서 1200킬로그램이나 1300킬로그램 되는 짐을 끌 수가 있다.

같은 논리로 네트워크 비즈니스나 세일즈에 뛰어든 부부 가운데 두 사람의 믿음 정도가 다르다면 그들의 성공 기회가 그만큼 줄어들고 성공은 더욱 어렵게 될 것이다. 파트너 중 한 명은 아주 열성적인 반면에 다른 한명은 열의가 모자라는 경우가 그런 예이다. 결국 두 사람이 힘을 모을 때만이 진정으로 자신을 위한 사업을 시작할 수 있는 사례를 우리는 흔히 보고 들어 왔다.

만일 파트너가 무관심하고 부정적인 태도를 가진다면 나머지 동반자는 그것을 상쇄할 만큼의 엄청난 믿음이 필요하고 그 일에만 매달려야 간신히 사업에 성공할 수 있다. 따라서 두 동반자가 힘을 모아 출발지를 벗어나야 한다. 만일 당신이 새로운 일에 비헌신적인 동반자라면 이것 한가지만이라도 실천하라.

'부정하거나 불신에 가득 찬 생각, 또는 표현으로 배우자의 믿음, 열의 , 꿈 등을 짓밟지만 말라. 배우자가 가능성을 발견할 수 있는 기회를 주어라. 가정의 새로운 삶의 방식을 위한 배우자의 꿈을 키우는 것을 돕지 못할 것 같으면 오직 그 꿈을 무너뜨리지만 말라. 가능성과 기회가 당신의 배우자에게 있어 전부이고 어쩌면 그가 꿈꾸는 것 이상 일지도 모른다는 사실을 기억하라.'

동반자 관계에서 불필요한 지적이나 지원부족 그리고 부정적 태도를 가지지 않으면서도 그 꿈을 키우는 작업에 참여할 수 있다. 쉽게 말하자면, 청소를 시작하는 것만으로도 큰 도움이 될 수가 있는 것이다. 이제 당신과 당신의 동반자가 믿음을 쌓을 수 있는 몇 가지 방법을 알아보자.

........................................................................

깊이있는 지식을 갖추어 자신을 강인하게 하고
확신과 추진력을 증가시켜라.

........................................................................

'아는 것이 힘이다!' 지식은 우리를 강인하게 하고 확신과 추진력을 가지도록 동력을 제공한다. 믿음을 한층 다져주는 것은 바로 주도면밀한 지식이다. 일단 깊이 있는 지식을 갖추면 약속 시간을 정하거나 개인적인 접촉을 위해 전화를 걸 때나 그룹 발표를 준비할 때 생기는 두려움을 없애준다.

일단 두려움을 몰아내면 마음에는 믿음과 신념이 가득 차게 되고 이것이 성공을 위해 중요한 무기가 된다. 따라서 당신의 사업 분야에서 자신이 없는 것이 하나라도 있다면 그 분야에 관한 지식을 더 찾고 모아야 한다. 그렇게 노력할 때만이 비로소 두려움은 눈 녹듯이 사라지고 더 강하고 확신에 찬 사람이 되어 목표 달성을 위한 궤도에 오르게 될 것이다.

내면에 믿음을 쌓는 방법은 스스로 맡은 어떤 작은 작업이나 프로젝트를 성공적으로 끝내는 것이다. 마치 블록을 쌓는 것과 같다. 한번에 한 블록씩 쌓으면서 자신 스스로가 능력이 있다는 것을 확신하는 것이다. 그러면 다음에는 더 어렵고 힘든 일도 맡아서 전념할 수 있다. 과거의 경험을 밑거름으로 해서 자기 자신에 대한 믿음을 쌓는 것이다.

'기억하라! 반드시 성공적으로 끝낼 수 있는 작은 일이나 작은 도전부터 시작하는 것이 중요하다. 씹을 수 있는 것 이상을 베어무는 실수를 저지르지 말라. 잘못하면 턱이 빠지게 된다.'

몇 년 전 세계적인 대규모 직판 회사를 위해 판매 워크숍을 실시한 적이 있었다. 내가 언제나 야심 찬 사업자들에게 들려주는 충고 중 한마디는 우선 규모가 작은 일부터 시작하라는 것이다. 작게 시작할수록 성공할 가능성이 더 커진다.

전망이 낮은 일에는 사람들이 많이 몰리지 않는다. 따라서 경쟁도 낮아지는 법이다. 그러면 무난히 자신의 설명회를 진행할 수 있게 되고 설사 실수가 있더라도 그것이 치명적인 타격을 입히지는 않는다. 그러다가 성공적으로 설명회을 끝내게 되어 주문을 받게 된다면 당장에 확신과 믿음이 커져서 당신을 한 단계 높여 주는 계기가 된다.

'기억하라. 믿음은 과거의 성공적인 성과에서 비롯되어 쌓이는 것이고 불신은 과거의 실패한 노력에서 비롯되어 쌓이는 것이라는 사실을…'

여기서 믿고 되새겨야 할 한 가지 사실이 있다.

과거에 자신이 무슨 일을 했는지, 얼마나 돈을 많이 벌었는지, 어디까지 교육을 받았는지, 피부색이나 국적이 무엇인가는 중요하지 않다. 중요한 것은 현재 당신이 이 새로운 기회를 가지고 무엇을 할 것인가이다.

이제까지 우리는 믿음을 쌓는 한 가지 방법을 익혔다. 우선 마음속의 불신과 두려움을 인정한 뒤 새로운 노력으로 얻은 긍정적인 지식으로 그것을 대체시키는 것이다.

믿음을 쌓는 두 번째 방법은 이미 그 일에 몸담고 있는 사람을 찾아서 그와의 관계를 돈독히 하는 것이다. 어떤 일에 열중하여 종사하는 사람에게 자문을 구하는 것은 매우 중요하다. 왜냐면 그 외의 다른 사람들은 편견을 가질 수도 있고 의견이 부적절할 수도 있기 때문이다. 또한 모임, 강연회, 각종행사 등에 정기적으로 참석하라. 비슷한 목표와 꿈을 가진 사람과 관계를 맺도록 하라. 관심사항이나 정보가 더 필요한 분야의 목록을 작성하라.

새로운 어떤 사람을 알게 되면 그가 얼마나 오랫동안 그 일과 업무에 종사하였는지, 시간을 얼마나 할애했는지, 그들의 관심사가 무엇인지, 무엇을 이루었는지 등에 관해 알아내라.

그들에게 가장 유용했던 것이 당신에게 유용할 수도 유용하지 않을 수도 있지만 어쨌든 정보 수집을 통해서 그것을 알아내야 한다. 그것은 시간과 노력을 보람 있게 투자하는 것이고 간혹 상당한 결과를 안겨다 줄 수도 있다. 나는 항상 새로운 프로젝트에 관한 정보와 지식을 찾아내도록 적극 권장해 왔다.

그러한 노력은 자신의 능력을 향상시키고 나아가 원하는 것을 더 성공적으로 이루도록 도와준다. 기억해야 할 사실은 당신의 조언자가 당신과 기본적으로 유사해야 한다는 것이다.

그래야만 그들을 당신에게 비추어서 적용시킬 수 있다. 기본적인 유사성이 없는 사람들로부터 배운 노력과 결과는 모방하기가 매우 어렵다.

이 장에서는 각자의 목표달성을 위해 남다른 믿음을 보여준 네 명의 위인을 살펴보았다. 또한 우리 내면과 우리 삶에서 그러한 굳은 믿음을 쌓기 위한 여러 방법도 살펴보았다. 이제 자신의 목표를 달성하기 위해서 반드시 자기 내면에 이 같은 믿음을 쌓을 필요가 있다는 것을 이해하였기 바란다.

만일 자기 내부에 믿음을 쌓는 것에 대해 아직도 혼란스럽거나 회의가 든다면 다음의 비유를 곰곰이 생각해보라. 필자는 이것을 '철물 이야기' 라고 부른다.

집주인의 눈에는 집안 구석구석에 신경 써야 할 크고 작은 일들이 늘 보인다. 누수관을 고치거나 선반을 얹거나 책꽂이를 만드는 등의 일이 집 관리에 있어서 끊이지 않는다. 한 가지 일을 시작할 때마다 철물점에서 어떤 물건을 사와야 할지를 생각하게 된다.

목표는 필요한 물건의 목록을 작성하여 한번에 철물점에서 볼 일을 끝내는 것이다. 하지만 매번 필요한 물건이 새로 생기거나 깜빡 빠뜨려서 다시 한번 철물점에 다녀와야 한다. 솔직히 실토하자면 철물점을 여러 번 왕복한 후에야 겨우 한 가지 일을 끝낸 적도 여러 번 있다.

어디서 많이 들어본 이야기 같지 않은가? 요지는 이러하다. 즉, 신께서는 세상을 창조하실 때 인류가 앞으로 필요할 것 같은 모든 것을 한꺼번에 세상에 만들어 놓으셨다.

초기 인류와 신석기인 그리고 현대인이 필요로 하는 모든 것이 처음 창조 때부터 존재하였다. 이 기적은 물론 미래의 인류에게도 해당되는 것이다. 다시 말하자면 우리는 철물점을 갔다 오는데에도 빠트리는 것이 허다한데 신은 그 어느 것도 빠트리지 않으셨다는 것이다. 신은 한번에 일을 완벽하게 끝내신 것이다. 그러니 다시 철물점에 달려가는 일이 없도록 하라.

신께서 천지창조(天地創造)를 한번 만에 완벽하게 끝내셨기 때문에 혹시 우리 인간을 덜 완벽하게 창조하고서 만족한다고 의심한 적이 한번이라도 있는가? 천만에 말씀이다! 신은 하나도 잊지 않으셨다. 우리가 원하면 무엇이라도 될 수 있도록 우리 내면에 모든 것을 불어 넣으셨다.

신이 우리에게 원하는 것은 단 한가지, 우리가 우리 자신을 최대한 개발하여 신이 우리에게 선물하신 모든 가능성을 개발하는 것이다.

자신의 재능을 사용하고, 증명하고, 사랑하고, 아끼며 따듯한 마음을 보이고…

그렇다! 우리가 믿음의 힘을 발휘하기를 바라신다.

# 실 행

“

미래를 생각하라.
용기 있는 행동이
때론 역사를 바꾼다.

”

지그 지글러

## 9장 　실 행

이제까지 우리는 세일즈 및 네트워크 비즈니스의 성공적인 요소들, 더 나아가서 성공한 사람들이 가지는 특징을 살펴보았다. 두말할 여지없이 이 성공요건에는 다른 막연한 많은 요소들 또한 덧붙여질 수 있다.

'일단 성공이 우리 자신을 통해 온다는 사실을 인정하면, 지속적으로 우리 자신을 향상시키려는 끝없는 노력을 시작하게 된다. 그러나 아무리 새롭고 나은 특성을 가지고 있다 할지라도, 만일 새로운 사람이 되어 행동에 옮기지 않는다면 삶의 변화가 전혀 일어나지 않을 것이다.'

우리는 자신에 대한 부단한 노력으로 보다 나은 새로운 사람이 될 수 있다. 행동을 시작하여 새롭고 더 나은 우리의 특성을 세계에, 그리고 우리 자신에게 증명해야 한다.

여기서 명심해야 할 사실은 적절한 일에 착수하라는 것이다. 적절한 일을 찾는 것이야 말로 진정한 성공의 관건이다. 적절한 결과를 얻기 위해, 적절한 요소를 가지고 노력하고 향상시키고 수정하라. 너무나 많은 사람이 애당초 적절치 못한 일에 매달려 애를 쓴 후에, 왜 잘못되었는지 혹은 불만스러운 결과를 얻었는지 의아해 한다. 마치 도시유행가와 시골유행가가 서로 엉뚱한 곳에서 사랑을 찾는 것과 같다.

이제 자신을 발전시키기 위해 무엇을 해야 할지 알게 되었으므로, 새로운 자신을 적용시킬 적절한 분야를 찾아보자. 그리고 자신의 현재 위치를 알기위해 자기테스트를 해보도록 하자. 참고자료 1에는 성공적인 사업을 위해 필요한 12가지 중요 분야가 명확하게 표시 되어 있다. 이 12가지 요소들을 100% 체득한다면 틀림없이 성공할 수 있을 것이다.

자신을 평가함에 있어서 정직해야 한다. 지금은 자신에게 거짓말하여 스스로를 속일 때가 아니다. 기억하라. "지적된 문제는 이미 반쯤 풀린 문제이다." 가능한 한 당신이 솔직하고 정확하게 테스트에 임한다면 이 척도는 당신의 현재 위치를 정확히 가르쳐 줄 것이다.

※자신의 업무에 따라 항목을 수정, 추가할 수도 있다.

| | | | | | | | | | | |
|---|---|---|---|---|---|---|---|---|---|---|

**참고 자료1**

# 성공 등급 척도

성명 _____

| | 1 2 3 4 5 6 7 8 9 10 |
|---|---|
| 1. 개인적인 자기개발 (책과 테이프) | |
| 2. 태도와 열의 | |
| 3. 에너지 충전도와 건강 상태 | |
| 4. 업라인(상위) 시스템 따르기 | |
| 5. 새 회원 만들기와 만날 약속 정하기 | |
| 6. 매달 10회 이상 사업계획발표나 제품설명 | |
| 7. 상품과 사업설명을 위한 기술 | |
| 8. 옷차림과 차량 | |
| 9. 시간 및 자기관리 | |
| 10. 주요행사에 대한 지원과 참여 | |
| 11. 목표 설정과 성공 지향 | |
| 12. 자기일에 대한 100% 충실 | |

향상을 위한 서약

_____ 일자 : _____

참고 자료 1을 보고, 1부터 10까지의 숫자 중 해당된다고 생각되는 칸에 체크를 하여 스스로 평가해보라. 이때 1은 가장 자신없는 점수이고 10은 최고 점수이다. 만일 어떤 분야에서 몇 점에 해당하는지 판단하기 힘들다면 배우자나 스폰서에게 평가를 부탁해보라. 더 바란다면, 일단 자가평가를 끝낸 뒤에 배우자나 업라인이 다시 당신을 평가하고 점수를 매기도록 하는 것이 좋다.

그들의 평가와 자신의 평가를 비교하여 어떤 항목에서 큰 차이가 있는지를 살펴보라. 정확하게 자신을 평가하여 각 기준에 1에서 10까지 매긴 점수를 더해 합계를 내고 그 총점을 12으로 나누어서 평균점수를 구하라. 이제 당신은 성공에 필요한 12가지 중요 요건 중 자신의 현재 위치를 알게 되었을 것이다. 처음으로 자신에 대한 조사목록을 작성하여 내가 지금 성공으로 가는 길목의 어디쯤에 서 있는지를 알게 될 것이다. 이제 어디에는 능하고 어디에는 더 많은 노력이 필요한지 알게 되었을 것이다. 이것은 대단히 중요한 정보이다.

대부분의 사람은 자신이 성공하는 데 무엇이 부족한지를 모르거나 알수 있는 방법을 모른다. 강점과 약점이 무엇인지 정확히 파악하지 못한다면, 성공하기 위해 기울이는 노력이

수포로 돌아갈 것이다. 당신의 약점을 파악함으로써 당신이
그것을 고치고 향상시킬, 그리고 성공할 가능성이 높아진다.


例)     참고 자료 2

1.--3

2.--2

3.--4

4.--2

5.--1

6.--4

7.--3

8.--3

9.--2

10.--4

11.--4

<u>12.--4</u>

36

36÷12 = 평균 3

참고자료 2는 자신을 발전시키는 노력을 시작하기 전, 현재 위치를 측정하는 방법이다. 12개의 범주에서 내린 당신의 평가와 그 평균치를 근거로 한다. 이 평균치는 현재 자신이 어느 단계에 속하는지를 보여주는 것인데 만일 당신이 자신을 향상 개발시키지 않는다면 상위 레벨로 올라갈 수 있는 희망이 적어진다. 기억하라. "만일 당신이 이제까지 해온 방식대로 계속한다면, 당신은 계속 같은 점수를 유지할 수밖에 없을 것이다."

만일 평균점수가 10점중에 8점이 나왔다면 당신은 상위 등급의 가능성이 있는 것이다. 정말 이런 식이 통할까? 그렇다. 이것이 유일하게 통하는 방식이다 ! 가진 것을 테이블에 많이 내놓을수록, 즉 판이 커질수록 내가 가져갈 몫도 커지는 법이다. 당신이 테이블에 얼마 가져오지 못했는데 어떻게 많은 것을 가져갈 염치가 있겠는가? 즉 "뿌린대로 거둔다."는 아주 단순한 이치이다 !

우리의 소명은 자신을 향상시키고 이웃을 돕는 것이라고 필자는 믿고 있다. 이것을 이루기 위해 노력할 때만이 우리 삶에서 좋은 일을 기대할 수 있다. 어떻게 그 외의 다른 식을 기대할 수 있겠는가? 만일 당신의 평균점수가 낮다면, 기억

하라. '당신의 발전 가능성은 높은 것이다!'

여기서 당신은 참고자료 1에 있는 각각의 항목을 분명하게 이해하는 것이 매우 중요하다.


### 1) 개인적인 자기 개발 (책과 테이프)

간단히 말해서, 당신은 스폰서가 권하는 양서와 테이프를 매일 읽고 듣는가? 거기에 모든 정보가 담겨져 있다. 풍부한 지식, 다양한 사례, 조언과 다른 사람의 성공담이 들어 있다. 기억하라. "만일 성공이 당신에게 다가온다면…. 당신을 통해서 와야 한다. " 더 쉽게 이야기하자면, 우선 '성공'을 내면화해야 하는데, 그러기 위한 가장 손쉬운 방법은 스폰서나 업라인이 권장하는 책과 테이프를 열심히 읽고 듣는 것이다.

우리가 앞으로 지속적으로 해야 할 일은 끊임없이 우리 자신을 강하게 성장시켜서 지식이 풍부하고 보다 나은 사람이 되려고 노력하는 것이다. 하루도 빠짐없이 틈만 나면 테이프를 듣고 책을 읽어야 한다.

가령 여행 목적지까지 운전할 때나 가까운 시장에 갈 때도 시간을 활용하여 테이프를 들어야 한다. 끊임없이 테이프를 듣다가 보면 좋은 아이디어나 착상이 언제 떠오를 지 모르는 일이다.

이 같은 행동으로 인해 매일같이 자신을 가르치면서 새롭게 더 나은 사람이 되어 가는 것이다. 그렇게 되면 책을 읽고 테이프를 듣는 동안, 전에는 미처 생각하지 못했던 아이디어가 갑자기 떠오를 것이다.

또한 하나의 테이프를 여러번 반복해서 들을 필요가 있다. 왜냐하면, 날마다 당신이 전과 다르고 더 많이 아는 사람이 되기 때문이며, 테이프 내용을 완전히 익혀서 충분히 이해할 수 있도록 해야하기 때문이다.

귀기울여 듣고 완전히 익혀서 단어까지 말할 수 있도록 하라. 테이프 하나가 끝나면 다른 테이프나 책으로 넘어가라. 이런 식으로 스스로를 가르치는 것이다.

혹자는 전에 책을 읽어본 적이 없기 때문에 이제 와서 독서를 시작하는 것이 힘들다고 말하곤 한다. 그러나 나는 일단 시작하라고 그들에게 권한다.

독서 습관은 후천적으로 배울 수 있는 기술이다. 당신은 자신을 가르칠 수 있다. 비결이 있다면 우선 독서를 시작하도록 자신을 다스리는 것이다. 그 외 몇 가지 방법이 있는데 우선, 하루 중 언제 가장 머리가 맑고 이해력이 높은지를 파악하는 것이다. 편안한 마음으로 불을 밝게 하고 앉으라. 형광 펜으로 괜찮은 아이디어라고 생각되면 표시를 해두어라. 그러면 나중에 다시 찾아 참고할 수 있을 것이다.

요지는, 자신을 성숙시키고 가르치기 위해서는 항상 새로운 정보로 자신을 부단하게 무장시켜야 한다. 그리고 정보의 좋은 원천은 바로 테이프와 책이다. 지식을 얻기 위해, 필요한 것은 무엇이든 해야 한다. 아주 간단하다 !


## 2) 태도와 열의 - (7장)

* 부정적인 사고나 행동은 긍정적인 것으로 대체한다.
* 사소한 장애를 엄청난 것으로 생각하지 않고 상상속의 힘든 일도 사소한 것으로 생각한다.
* 진심으로 성공에 대한 불타는 열망을 가진다.
* 실패를 두려워 하지 않는다.
* 포기하지 않고 도전하고 또 도전 한다.


## 3) 에너지 충전도와 건강상태 - (2장)

* 인생의 모든 측면에서 지속적으로 자기 개발을 위해 에너지를 충전한다.

* 내 몸은 평생 타고 다닐 자가용과 같은 것이다. 고장의 변명을 찾지말고 에너지를 충전하여 잘 돌본다.

* 자신이 가지고 있는 정보를 시장에서 이용할 만큼 충분한 신체적 정신적 에너지를 갖춘다.

* 성공한 사람들이 가지고 있는 가장 보편적인 자질 중의 하나는 그들이 갖고 있는 에너지였으며 엄청난 에너지를 가졌기 때문에 그들은 맡겨진 임무를 기대치 이상으로 수행해 낼 수 있었다. 성공이라는 임무수행을 위해 정보를 쌓고 적당한 운동과 건강한 음식을 섭취하여 확실한 에너지를 만든다.


### 4) 업라인의 시스템 따르기

가장 중요한 성공요건 중 하나는, 스폰서와 성공적인 사업을 이루기 위한 그들의 방식에 호흡을 맞추고 따르는 것이다. 내가 이제까지 상담했던 사업에 실패한 많은 사람들의 한결같은 공통점은 성공한 업라인의 충고를 귀기울여 듣지 않았든지 그들의 시스템을 따르지 않았다는 점에 있다.

자신이 더 나은 아이디어와 시스템을 가지고 있다고 믿었다가 그것이 잘못된 생각이고 일이 잘 돌아가지 않는다는 사실을 발견하게 되면 아주 당황해 하고 환멸을 느껴서 그만,

중단하고 만다. 바퀴를 새로 발명하려 들지 말라. 만일 업라인이 성공한 사람이라면 그와 일치되게 맞추려고 노력하라. 처음에는 좀 불편하더라도 그의 방식대로 해보아라. 편치 않음은 좋은 징조다 ! 전에는 하지 않던 일을 하려 한다는 의미가 되기 때문이다.

지금 당신은 성장하고 커 가는 과정에 있다. 나는 나 스스로에게 항상 다짐하는 바가 있다. 즉, '불편한 느낌이 좋다는 것이다. 우리는 안락한 지대를 박차고 나아갈 필요가 있다. 기억해야 할 중요한 사실은 스폰서의 조언을 따르라는 것이다. 가능한 한 그들과 더불어서 개인적인 시간을 발전시켜라. 그들의 말을 열심히 듣고 메모하고 조언이나 제안을 구하고 충고하는 대로 실행하라.

만약 당신이 이미 올바른 성공원칙을 알았더라면, 지금쯤은 성공했든지 일과 인생에서 바라던 위치에 도달해 있을 것이 아닌가. 기억하고 싶지 않을 것이다. 그렇다고 내가 누군가의 마음을 상하게 하려고 하는 말은 아니다.


5) 새 회원 만들기와 만날 약속정하기

만약 예상회원에게 전화를 걸어 만날 약속을 정하는 것이 힘들다면, 그것은 별문제가 아니다. 사업에서 성공한 모든 사람들이 같은 어려움을 겪었고, 당신 이후의 모든 사람들 또한 겪을 것이다. 당신은 극히 정상적인 것이니 자신에게 화내지 말라. 이 정도 어려움은 극복해 낼 수 있다.

새로운 고객과 함께 나눌 수 있는 멋진 기회가 있음을 기억하고 스스로 다짐하라. 사실, 당신은 지금 고객에게 전화를 거는 수고를 하여 이 기회를 그에게 제공해 주는 호의를 베풀고 있는 것이다. 또한 고객이 보다 나은 미래를 위해 그들의 삶을 변화시키고 풍요롭게 할 수 있는 기회를 제공하고 좋은 상품을 제공할 도덕적 책임이 당신에게 있다.

어쩌면 그 고객이 찾고 있는 그의 사업성장을 위한 훌륭한 구상을 당신이 가지고 있는 것일지도 모른다! 당신이 그를 위한 기회를 쥐고 있는 것이다.

기억하라. 지금 그에게 구입을 부탁하는 것이 아니라 오히려 그 사람을 위해서 이 대단한 기회를 보고 가치를 평가해 보라고 제안하는 것이다. 그가 당신을 필요로 한다고 스스로에게 다짐하라.

만날 약속을 정하자고 할 때 할 말들을 적어 두든지 프린트를 해서 준비해 두어라. 기회를 하나라도 놓치지 말라. 말이 자연스럽고 부드럽게 나올 때까지 대사를 여러 번 연습하라.

만나자고 청할 때 상대에게 두 번의 가능한 날짜와 시간을 제시하여 선택하도록 하라. 이 방법을 필자는 두 가지 가능한 대안 중의 선택이라고 부른다. 어쨌든 이기는 게임이다. 아무튼 그가 둘 중 어느 날을 선택하느냐가 중요한 것이 아니라, 그와 당신이 만날 약속을 했다는 것이 중요한 것이다!

전화를 걸기 전 마지막으로, 상대가 보다 나은 삶을 영위할 수 있도록 변화의 기회를 제공하려고 이 전화를 거는 것이라고 스스로에게 다짐하라. 그에게 보여줄 기회를 잡지 못하면 예상회원이 그것을 이룰 수 있도록 도울 수가 없다. 그를 돕기 위해 때로는 밀어붙일 필요가 있다. 지금은 아무래도 좋다. 훗날 그는 당신에게 감사하게 될 것이다.

전화거는 공포증을 정복하고 극복하지 못한다면 당신은 사업에서 성공할 수가 없다. 당신은 할 수 있고 해야만 한다. "일단 시작하라!"


6) 매달 10회 이상 사업 계획 발표하기

한 달에 당신이 사업계획을 선보이는 정확한 횟수가 어느 정도이건, 중요한 것은 횟수 그 자체이다. 더 자주 예상회원에게 계획을 발표할수록, 한 사람의 회원을 당신의 사업에 추가시킬 가능성이 높아진다. 일은 이처럼 간단하기 그지 없다. 발표를 해야 한다. 이때 지켜야 할 두 가지 요소가 있다.

첫째, 미팅을 약속하라. 당신의 집에서건, 커피숍에서건, 점심 미팅이 되었건, 사업장에서건 아무튼 미팅을 약속하라. 예상회원에게 만나자고 청할 때 움츠러들거나 당황해 하지 말라. 자기의 발전을 바라지 않는 사람은 없다. 단지 대부분의 사람들이 그 방법을 모르고 어디를 찾아봐야 할지 모르는데, 바로 당신이 그것을 알고 있는 것이다!

둘째, 일단 미팅이나 점심 약속을 정하게 되면, 완벽한 발표가 되도록 준비하라. 형편없는 발표로 미팅을 망치지 말라. 나중에 자책하게 될 것이다. 내가 이 일을 하면서 항상 다짐했던 것은, 일단 고객이나 예상회원과 만날 약속을 한 후에는 확실하게 멋진 발표를 하도록 준비해야 한다는 사실이었다. 형편없는 발표로 어리석게 당신과 그들의 시간을 낭비하지 말아라. 그러느니 차라리 아무 일도 않는 것이 낫다.

성공을 위해 필요한 발표를 약속하고 또 마무리짓기 위해 저녁시간이나 주말 등 시간을 조정해야 한다. 여러 예상고객을 어느 한 곳의 발표회장에 참석하도록 만들어 자신의 수고의 가치가 얼마나 극대화할 수 있는지 파악하라. 가능한 많은 참석을 예약하고, 가능한 한 최고의 발표를 하는 것, 이 두가지를 명심하라.

나의 친구인 제리 보거스가 미팅 약속을 받아 낼 때 즐겨 쓰던 멋진 표현이 있다. "B.M해야지"(B.M = Book Meeting : 미팅 예약을 하다)

때때로 우리도 슬로건이 필요한데, 이제부터 제리의 구호를 쓰자! 'B.M. 하자!'


7) 상품과 사업 설명을 위한 기술 - (1장)

* 상품과 사업의 전문지식을 갖춘 전문가가 된다.

* 고객이 던질 모든 질문을 예상하고 그들에게 완벽한 만족을 줄 수 있도록 진실되고 설득력있는 대답을 준비하고 설명한다.

* 상품의 기능과 용도 그리고 특징과 이점을 정확히 파악하고 또한 고객들은 상품의 특징보다는 이점에 더 관심이 많으므로 고객의 입장에서 얻게 될 이익을 생각하고 설명을 한다.

* 설명의 가장 중요한 원칙은 사람마다의 신념과 지난 경

험에 맞추어 설명하는 것으로 예상 고객의 정보를 모아 그들의 꿈과 목표 동기를 반영하여 설명한다.

* 설명 내용을 지나치게 장밋빛으로 포장하지 않는다.

### 8) 옷차림과 차량

이 성공요건은 쉽게 빨리 실행에 옮길 수 있다. 차안에 앉아 세차기를 통과하는데는 고작 몇 분밖에 걸리지 않는다. 깨끗한 차안에 앉아 있는 기분을 아는가? 아주 그만이다. 기분이 최상일수록 일을 잘할 가능성도 커진다고 나는 늘 생각한다. 깨끗한 자동차는 당신에 관해 많은 것을 이야기 해준다. 깨끗한 차일수록 새차처럼 보이고 잘 달릴 것 같은 인상을 준다! 정비가 잘된 깨끗한 차는 예상고객이 당신을 평가할 때 좋은 이미지를 준다. 더 이상 두말할 필요가 있겠는가?

이제 좀더 자세하게 개인적인 복장을 살펴보자. 아무리 잘 입어도 지나침이 없다. 항상 최상으로 보이도록 신경써라.

남성에게 최고의 복장은 양복, 흰색 와이셔츠 그리고 넥타이다. 스포티한 코트와 넥타이는 어떨까? 그것도 괜찮지만 아무래도 양복과 넥타이가 더 바람직하다. 파스텔톤의 와이셔츠도 괜찮겠지만 역시 흰 와이셔츠가 더 좋다. 남성에게는 어두운 색의 양복과 흰 와이셔츠 그리고 넥타이 차림이 성공적인 인상을 많이 준다.

성공한 남성의 모습을 완성시키는 마지막 요소는 바로 구두이다. 남성들 중 자신의 구두를 닦고 다니는 사람이 얼마나 될지는 모르겠지만 적어도 나는 구두를 닦는다. 구두를 반짝거리게 닦지 않고는 집이나 사무실을 나서지 않는다. 남성의 옷차림을 보고 첫인상을 말해 보라고 하면 아마 대부분의 여성이 그 사람의 구두 상태를 지적할 것이다. 구두는 성공의 도안을 완성시키는 조각인 것이다.

내가 여성의 옷차림에 대한 전문가라고 감히 주장하지는 못하겠지만 적어도 내 생각은 밝히고 싶다. 여성이 멋진 드레스나 혹은 블라우스와 스커트 차림으로 매력적인 옷차림을 연출하는 것을 나는 높이 평가한다. 내 소견이긴 하지만, 반대로 헐렁한 바지를 입은 여성이 비즈니스와는 무관한 비전문인으로 보인다. 그러나 이것은 단지 사견에 불과함을 다시 한 번 밝혀둔다.

무엇보다도, 여성과 남성의 옷차림을 보고 많은 평가가 내려진다는 점을 유의하라. 언제나 최상의 옷차림을 유지하록 하라.

## 9) 시간 및 자기관리 - (4장)

* 생활의 비생산적인 분야를 과감하게 정리하고 그 시간을 자신에게 이익이 되도록 활용한다.
* 실행목록을 만들어 실천하고 매일 매일 체크한다.
* 재충전의 시간을 가지고 자신을 새롭게 만든다.
* 정보와 전문지식을 쌓고 건강관리와 대인관계 유지를 위해 노력한다.

## 10) 주요행사에 대한 지원과 참여

새로운 회원이 사업초기 가장 내리기 힘든 결정 중에 하나가, 업라인의 행사와 주요행사에 참석하여 시간과 돈을 투자할 것인가를 결정하는 일이다. 확실히 힘든 결정인 것은 사실이다. 왜냐하면 돈과 시간을 투자해야 하기 때문이다. 그러나 갈등하는 진짜 이유는 그러한 행사에서 무엇을 얻을 것인지 혹은 그 가치를 전혀 이해하지 못하는 데에 있다. 일단 얻을 수 있는 가치를 이해하기만 한다면, 시간과 돈이 아깝지 않을 것이다. 업라인 행사와 주요 행사는 당신의 사업을 성장시키는 데에 필요한 지식과 아이디어와 조언을 캐낼 수 있는 무한한 보고이다. 그런 정보들을 기꺼이 제공하려는 훌륭한 조언자들이 당신을 기다리고 있다. 그러나 여기서 얻을 수 있는 가장 중요한 가치는 행사에 참석함으로써 당신의 내부에 심어 줄 수 있는 의식과 안식이다.

실제로 당신은 새롭고 더 나은 사람으로 변신하고 있다. 당신은 당신이 이룰 수 있는 모든 삶의 방식이나 기회를 좀더 잘 인식하고 있다. 당신은 그것을 감지하고 보고 듣고 느낀다. 그렇게 되고 있는 것이다. 따라서 바라는 성공을 이루기 위해 그리고 새로운 당신이 되기 위해서 가급적 많은 행사에 참석해야 한다.


### 11) 목표 설정과 성공 지향 - (6장)

◇목표설정은 원하는 바를 구체화 시켜주고 행동을 취하게 하여 삶에서 현실화 될 수 있게 한다.

* 목표는 실현 가능한 것으로 세운다.

* 자신의 현재 위치를 파악하고 확실한 단계를 세운다.

* 성공 지향적이고 구체적으로 세운다.

* 목표는 일, 가족, 정신적 믿음, 신체적 건강을 고려하여 세운다.

* 목표는 단기, 중기, 장기로 나누어서 세운다.

## 12) 자기 사업에 대한 100% 충실

성공요소 중 이 항목에 대한 당신의 성적은 어떤가? 자신과 자신의 사업에 100% 충실해야 한다는 것은 아주 당연한 것이다. 만일 당신이 자기자신에게 충실하지 못하다면, 당신은 누구에게나 무슨 일에도 충실할 수가 없다.

이제까지 나는 이 쉬운 질문에 대한 구차한 변명을 숱하게 들어왔다.

"어떤 제품은 너무 비싸요."

"필요한 것을 일일이 기억해 뒀다가 회사 유통시스템을 통해 주문하는 것은 너무 피곤한 일이죠."

"필요한 물건이 있으면 회사 유통시스템을 통해 주문하기보다 슈퍼마켓이나 약국에 달려가는게 편해요."

"마음에 안 드는 물건이 좀 있더라구요."

"제가 제품이나 서비스를 구입하지 않는 게 무슨 대수입니까? 나밖에 모르는 사실인데요."

이 구구한 변명에 대한 나의 대답은 다음과 같다!

**첫 번째 변명에 대해:** 제품이나 서비스가 약간 더 비싼 것을 왜, 당신이 신경을 쓰는가? 사업에 성공하여 여생을 즐길 수 있을 텐데. 거기에 드는 약간의 웃돈에 연연해 할 것인가?

내 어머니께서 늘 이런 태도를 두고 하시던 말씀이 생각난다. '푼돈 아끼려다 목돈 잃는 법이다!'

**두 번째 변명에 대해:** 내가 해주고 싶은 말은, 매달 가정에서 으레 사용하는 물건의 목록을 작성하라는 것이다. 필요한 품목들을 체크하고 그 목록을 냉장고에 붙여 두었다가, 주문하는 날이 오면 목록에 체크된대로 주문을 하라.

**세 번째 변명에 대해:** 모든 사람들이 편한 것을 추구한다. 그렇지만 당신의 삶에 중요하다고 생각되는 것에는 약간의 노력을 기울여야 한다. 요즘 편의점이 날로 번창하는 이유가 바로 너도나도 편한 것을 추구하기 때문이다. 편의점은 물건이 다 떨어지면 힘들여서 다시 구하려고 애쓰지 않는 사람들 때문에 사업이 된다. 미리 구입계획을 세우기보다는 그냥 편의점에 가서 물건값의 20%나 30%까지 더 지불하고 물건을 산다.

**네 번째 변명에 대해:** 개인적으로 마음에 안 드는 물건이 있다면, 그 물건을 안 사면 그만이다. 그냥 마음에 드는 물건만 모조리 사면된다.

**마지막이자 가장 문제가 되는 변명:** "제가 제품이나 서비스를 구입하지 않는 게 무슨 대수 입니까? 나만 아는 사실인

데요."이다. 묻고 답하고 혼자서 다한 셈이다.

　당신은 자신의 사업을 후원하지 않고 있다. 당신 자신의 사업을 후원하지 않으면서 어떻게 다른 회원더러 그들 스스로의 사업에 후원하라고 권할 수가 있겠는가? 자신은 사용하지도 않으면서 어떻게 확신을 가지고 그 상품을 권할 수가 있겠는가? 남도 아닌 바로 자기자신에 대해 진실하지 못하다는 것을 당신은 알고 있다. 자신의 사업에 충실해져야 한다!

　9장의 요지는 매우 간단하다. 어떤 일이나 프로젝트를 성공적으로 끝내기 위해서는 행동의 착수가 반드시 요구된다. 사업에 성공하려면 우선 자신부터 실행에 옮겨야 한다.

　이 장에서는 실천하기 위한 12가지 중요분야를 함께 다루어 보았다. 또한 1부터 10까지의 척도에서 현재의 자기 위치를 찾아내어 어느 분야를 더 향상시켜야 할지도 알아보았다. 이제 그 나머지는 당신에게 달려 있다.

'진정으로 성공하길 바라는가?'
　⇒ 그렇다면 '바로 실행하라.'

# 맺음말

이 책을 마쳤다는 사실만으로도 당신은 긍정적인 평가를 받을 만합니다. 올바른 성공 원칙을 찾으려고 노력하는 당신은 이미 성공할 자세가 되어 있습니다.

이 책에서 삶을 성숙시키고 경력을 쌓는데 필요한 성공 원칙이 많이 소개되어 있습니다. 이제 이 원칙들을 소화해 내어 자기 삶의 원칙으로 만드는 것은 바로 당신의 몫입니다.

자신의 몫을 다했을 때, 당신의 목표와 소망의 성취에 한층 다가서게 되리라고 믿어 의심치 않습니다.

그러나 이 단 한권의 책만으로는 삶을 지탱해 줄 지팡이로서 충분치 않습니다. 따라서 일정궤도를 유지하기 위해서는 더 많은 정보와 자료를 부단히 찾아 나서야 할 것입니다.

성공에 필요한 모든 것이 다름 아닌 바로 자신 안에 있음을 이제 깨달았을 것으로 믿습니다. 그러나 바라는 성공을 이루기 위해서는 끊임없이 자신의 잠재력을 찾아서 개발하고 단련시켜야 합니다.